作者简介

陈志华，山西临汾人，管理学博士，北京师范大学一带一路学院博士后。研究领域为能源经济与环境政策、"一带一路"可持续发展等。参与国家自科／社科基金和省部级课题多项，在国内外 SCI/SSCI 期刊发表论文近二十篇，参与出版著作多部。

胡必亮，北京师范大学一带一路学院执行院长、新兴市场研究院院长，经济学教授、博士生导师，"一带一路"国际智库合作委员会理事、新兴经济体研究会副会长、Global Journal of Emerging Market Economies 学术期刊主编。研究成果获 1994 年度和 2006 年度孙冶方经济学奖、2008 年度张培刚发展经济学优秀成果奖。

本研究为国家社科基金重大项目《"一带一路"投资安全保障体系研究》（19ZDA100）和国家社科基金"一带一路"专项重点项目《充分利用高质量共建"一带一路"有效应对中美贸易战研究》（19VDL012）的阶段性成果。

高质量共建"一带一路"丛书 | 王守军 胡必亮 主编

"一带一路"基础设施建设

陈志华 胡必亮 著

BELT
AND
ROAD

北京师范大学出版集团
BEIJING NORMAL UNIVERSITY PUBLISHING GROUP
北京师范大学出版社

总　序

　　2008 年，金融危机在美国全面爆发并迅
速通过股市、债市、汇市、贸易、投资等渠
道快速扩散到了与美国经济金融关系紧密的
欧洲，因此欧洲很快也陷入了严重的债务危
机之中。同时，金融危机也蔓延到了整个世
界，新兴市场国家和发展中国家也深受其害。
为减轻不利影响，世界各国都采取了积极应
对之策以稳定金融秩序、刺激经济增长。美
联储在一年左右时间连续降息 10 次后使联邦
基金利率为零，奥巴马总统上台不到一月就
签署了总额为 7870 亿美元的经济刺激计划；
我国的反应更快，在美国金融危机尚未全面
爆发之时，国务院已于 2008 年 11 月出台了
十项措施，投资 4 万亿人民币刺激经济增长；
欧盟建立了一个总额为 7500 亿欧元的救助机

制以遏制债务危机的进一步扩散并捍卫欧元。总之,世界各国、各区域都采取了积极救市政策,试图缓解和控制金融危机的扩散。

尽管如此,2008年的全球金融危机还是给全世界的金融、经济、政治等各方面都带来了很多负面影响,而且这些影响是长期的、深刻的。以欧洲为例,直到2012年,欧洲债务危机仍然十分严重,欧洲经济疲软、失业率居高不下。其他地区和国家的具体情况可能有所不同,但总体而言2008年的全球金融危机发生多年后,世界金融市场并不稳定,经济增长仍然乏力,失业率依然较高,有些国家还出现了政治动荡,全球治理更加失序。

在这样的历史背景下,联合国和其他国际组织以及很多国家都提出了一些帮助世界稳定金融秩序、促进经济增长、完善全球治理的倡议和方案。也正是在这样的国际大背景下,结合中国进入新时代后构建全面对外开放新格局的需要,习近平总书记利用他2013年秋对哈萨克斯坦和印度尼西亚进行国事访问的机会,先后提出了共建丝绸之路经济带和21世纪海上丝绸之路的重大倡议,合称"一带一路"倡议。

习近平总书记提出共建"一带一路"倡议的基本思路,就是用创新的合作模式,通过共同建设丝绸之路经济带和21世纪海上丝绸之路,加强欧亚国家之间以及中国与东盟国家之间乃至世界各国之间的政策沟通、设施联通、贸易畅通、资金融通、民心相通，从而使世界各国之间的经济联系更加紧密、相互合作更加深入、发展空间更加广阔。从经济方面来看，通过共建"一带一路"，加强世界各国的互联互通，更好地发挥各国比较优势，降低成本，促进全球经济复苏；从总体上讲，参与共建各方坚持丝路精神，共同把"一带一路"建成和平之路、繁荣之路、开放之路、创新之路、文明之路，把"一带一路"建成互利共赢、共同发展的全球公共产品和推动构建人类命运共同体的实践平台。

在共建"一带一路"倡议提出五年多时间并得到世界绝大多数国家和国际组织认可、支持并积极参与共建的良好形势下，习近平总书记在 2019 年 4 月举行的第二届"一带一路"国际合作高峰论坛上又进一步提出了高质量共建"一带一路"的系统思想，包括秉承共商共建共享原则，坚持开放、绿色、廉洁理念，努力实现高标准、惠民生、可持续目标等十分丰富的内容，得到了参会 38 国元首、政府首脑和联合国秘书长、国际货币基金组织总裁以及广大嘉宾的高度认可。这标志着共建"一带一路"开启了高质量发展新征程，主要目的就是要保障共建"一带一路"走深走实，行稳致远，实现可持续发展。

面对 2020 年出现的新冠肺炎疫情全球大流行的新情况，习近平总书记提出要充分发挥共建"一带一路"国际合作平台的积极作用，把"一带一路"打造成团结应对挑战的合作之路、维护人民健康安全的健康之路、促进经济社会恢复的复苏之路、释放发展潜力的增长之路；2021年4月，习近平总书记又提议把"一带一路"建成"减贫之路"，为实现人类的共同繁荣作出积极贡献。

随着共建"一带一路"的国际环境日趋复杂、气候变化等国际性问题更加凸显，习近平总书记从疫情下世界百年未有之大变局加速演变的现实出发，在2021年11月举行的第三次"一带一路"建设座谈会上，就继续推进共建"一带一路"高质量发展问题提出了有针对性的新思想。重点是两个方面的内容：一方面，坚持"五个统筹"，即统筹发展和安全、统筹国内和国际、统筹合作和斗争、统筹存量和增量、统筹整体和重点，全面强化风险防控，提高共建效益；另一方面，稳步拓展"一带一路"国际合作新领域，特别是要积极开展与共建国家在抗疫与健康、绿色低碳发展与生态环境和气候治理、数字经济特别是"数字电商"、科技创新等新领域的合作，培养"一带一路"国际合作新增长点，继续坚定不移地推动共建"一带一路"高质量发展。

在我国成功开启全面建设社会主义现代化国家新征程、向第二个百年奋斗目标进军的关键历史时刻，习近平总书记在中国共产党第二十次全国代表大会上又一次明确指出，推动共建"一带一路"高质量发展。

为了全面、准确理解习近平总书记关于高质量共建"一带一路"的系统思想，完整、系统总结近十年来"一带一路"建设经验，研究、展望高质量共建"一带一路"发展前景，北京师范大学一带一路学院组织撰写了这套《高质量共建"一带一路"丛书》，对"一带一路"基础设施建设、"一带一路"与工业化、"一带一路"贸易发展、"一带一路"金融合作、绿色"一带一路"、数字"一带一路"、"一带一路"与新发展格局、"一带一路"与人类命运共同体、"一带一路"投资风险防范等问题进行深入的专题调查研究，形成了目前呈现在读者面前的这套丛书，希望为广大读者深入理解高质量共建"一带一路"从思想到行动的主要内容和实践探索提供参考，同时更期待大家的批评指正，帮助我们今后在高质量共建"一带一路"方面取得更好的研究成果。

2021 年中国共产党隆重地庆祝百年华诞，2022 年党的二十大的召开，对推进我国社会主义现代化强国建设都具有十分重要的战略意义；今年也是北京师范大学成立一百二十周年。因此，我们出版这套丛书，对高质量共建"一带一路"这样一个重大问题进行深入探讨，很显然也具有重要且独特的历史意义。北京师范大学出版集团党委书记吕建生先生、副总编辑饶涛先生、策划编辑祁传华先生及其团队成员都非常积极地支持这套丛书的出版，并为此而付出了大量时间，倾注了大量心血，对此我们表示衷心感谢！我们的共同目标就是希望用我们的绵薄之力，为推动共建"一带一路"高质量发展、为实现中华民族伟大复兴以及为推动构建人类命运共同体而作出应有的贡献。

王守军　胡必亮

2022 年 10 月 26 日

目　录

第一章 | 绪 论

一、研究背景

(一)"一带一路"基础设施建设的适时提出

2013 年 9 月和 10 月,习近平主席在出访中亚和东南亚国家期间首次提出了共建"丝绸之路经济带"和"21 世纪海上丝绸之路"的倡议。2019 年 4 月 26 日,习近平主席在第二届"一带一路"国际合作高峰论坛上再次指出,共建"一带一路",关键是互联互通,基础设施建设是互联互通的基石。"一带一路"倡议以基础设施互联互通为重要抓手，为相关国家经济发展创造基础条件，推动全球经济共同繁荣。

回顾中国改革开放四十多年的发展历程，基础设施建设对我国经济腾飞发挥了重要支撑作用，"要致富，先修路"成为全国各地人民普遍认同的发展理念。"一带一路"相关国家不乏贫穷落后的发展中国家，这些国家同过去处于经济发展初期阶段的中国有很高相似度，同样需要通过基础设施的完善来促进生产资料及生活资料的快速流通，带动相关产业发展，但缺乏技术、资金和专业人才。发达国家部分老旧的道路、桥梁等亟待修缮或重建，也有巨大的基建需求。过去 20 年间，亚洲基础设施已经获得了大幅改善，但是依然无法匹配经济、人口和城镇化快速发展的需要，无论是交通运输、电力还是水利、卫生部门均需要较大规模的投资和建设能力，而这些都是中国目前拥有优势的领域。[1] "一带一路"基础设施建设互联互通的提出，正好切合相关国家发展的需求，中国在基建领域的成功经验也可以为相关国家所借鉴，推动当地经济快速增长，摆脱贫困，为构建人类命运共同体添加动力。

---

① 张辉、闫强明、李宁静：《"一带一路"基础设施建设与经济增长》，载《中国经济学人（英文版）》，2021 年第 3 期。

(二)"一带一路"互联互通成果显著

2014年习近平主席在"加强互联互通伙伴关系"东道主伙伴对话会上提到，建立互联互通伙伴关系，当务之急是协商解决影响互联互通的制度、政策、标准问题，降低人员、商品、资金跨境流动的成本和时间。经过多年努力，作为"一带一路"基础设施互联互通主要内容的"六廊六路多国多港"取得了显著成就。

铁路联通方面，全长1 000多千米的中老昆万铁路于(以下简称"中老铁路")2021年12月正式开通。自此，中国与老挝国际货运快速发展，中国的手机、机械设备等商品帮助老挝人民提高生活水平，来自老挝的古树茶、石斛、咖啡等产品也走进中国百姓家中。铁路开通运营一周年，累计发送旅客850万人次，发送货物1120万吨，货物品种从10多种拓展到了1200多种，呈现客货运输两旺态势。此前，已经通车的蒙内铁路大幅降低了东非地区的货运成本，促进了肯尼亚的贸易发展和沿线经济发展；亚吉铁路开通运行后，大大促进了埃塞俄比亚的贸易发展，并带动了沿线产业园区的快速发展；匈塞铁路塞尔维亚段已经有两段分别于2020年和2021年3月顺利通车，匈牙利段也在稳步推进；中泰铁路、雅万高铁也都在扎实推进。

公路联通方面，昆曼公路、昆明—河内—海防高速公路、中巴经济走廊"两大"公路全线通车，中俄黑河—布拉戈维申斯克界河公路大桥完工，"双西公路"（西欧—中国西部）建设稳步推进，中蒙俄、中吉乌、中塔乌、中俄（大连至新西伯利亚）、中越实现国际道路直达运输试运行，国际道路运输辐射范围进一步拓展。

港口建设和运营也取得积极进展，中国远洋海运集团收购希腊比雷埃夫斯港后，显著改善了该港营收状况；斯里兰卡汉班托塔港及其临港产业园建设完成后，将成为斯里兰卡南部地区重要的新经济增长极；巴基斯坦瓜达尔港港区的作业能力已经得到显著提升，贸易量正在逐步扩大；大量石油和天然气从缅甸的皎漂港启程，经中缅油气管道输送至我国境内，成为我国能源安全保障体系的重要组成部分。

总体上，在"一带一路"国际合作框架下，中国与相关国家的基础设施合作大大改善和提升了亚洲乃至全球在交通、能源、电信等领域的互联互通水平，给促进区域和全球经济增长提供了重要支撑。

(三)"一带一路"基础设施建设面临新局面

2021年6月，美国拜登政府提出"重建更美好世界"倡议，结合之前推出的"蓝点网络"计划，准备在未来十年为发展中国家基础设施建设提供资金和技术支持。欧盟也于9月发布了"全球门户"计划，承诺在未来5年内提供3 000亿欧元，用于支持非洲、亚洲和拉丁美洲的基础设施建设项目。

欧美相继推出全球基建倡议，从侧面反映出"一带一路"倡议的前瞻性，全球互联互通的发展理念已被国际社会广泛认同。欧美入局全球基建倡议后，能否协同"一带一路"倡议推动世界经济发展，帮助落后国家摆脱贫困，需要时间的考验。在新的发展环境下，"一带一路"基础设施建设也面临新的机遇和挑战。中国需要继续推动"一带一路"高质量发展，通过基础设施建设促进全球互联互通水平，推动构建人类命运共同体。同时，既要持包容姿态对欧美基建倡议开放合作之门，也要对潜在的竞争甚至对抗有应对之策。

基于以上背景，本书系统梳理了"一带一路"基础设施建设的概念和理论、投资建设进展、社会经济效益及其在全球基建新趋势下的发展前景。

二、研究价值

(一)理论价值

1. 经济学研究意义

基础设施作为国家经济发展的基础性条件，成为新古典主义经济学、空间经济学、发展经济学、国际贸易学等现代经济学众多分支学科的重要研究对象。本书归纳整理了基础设施的相关理论，以便为探究其对相关地区经济增长的作用提供理论依据。从新古典经济学、发展经济学和空间经济学的视角看，中国对"一带一路"相关国家的基础设施投资完善了当地基础设施，进而促进了东道国的经济增长。作为一种长期投资，基础设施建设需要与当地经济发展水平相协同，以最大程度发挥其对经济活动的支撑作用。从比较优势理论的角度看，基础设施建设促进互联互通，加速资本、人力、技术的自由流动，使各参与方充分发挥比较优势，实现全局利益最大化，最终有益于促进全球经济发展。

2. 为推动高质量共建"一带一路"提供理论支撑

"一带一路"倡议提出以来，基础设施建设作为互联互通优先领域，以"六廊六路多国多港"为骨架，在诸多合作领域已取得瞩目成就。在高质量共建"一带一路"的关键转型期，正需要一个包含交通、贸易和经济增长在内的结合定性定量要素与多国共识的理论框架。本书从基础设施的经济性特征出发，梳理其对贸易、经济增长的影响机制和路径，结合计量分析方法，融实证分析与理论分析于一体，搭建起了"一带一路"基础设施建设与经济发展的分析框架，为探索高质量共建"一带一路"的实施路径提供前瞻性分析支撑。

(二)现实意义

第一，为中国与共建国家进一步拓宽基础设施建设合作提供有益借鉴。"一带一路"沿线国家的工业化发展水平参差不齐，有些正处于城市化的初级阶段和基础设施建设的高峰阶段，基础设施建设领域的合作空间巨大，但同时也存在潜在风险。本书通过探究在"一带一路"倡议合作框架下基础设施投资建设与经济增长之间的关系，分析相关国家的基础设施建设现状和中国对外投资的特点，通过实证模型分析和检验中国对相关国家的基础设施投资如何促进其经济增长，并归纳共建国家基础设施建设现状和发展潜力，从而推动双方进一步加强更深层次的产能、基建合作。考虑到中国企业在"走出去"的过程中必然会面临一些政治、经济和环境方面的风险，本书也将给出一些可行性建议，以便为国内企业积极参与相关国家基础设施建设提供参考。

第二，为企业开拓对外基础设施建设市场提供相关分析。"一带一路"沿线包含 65 个国家，而参与共建的国家更是已达 150 个。其中有发展中国家，也有发达国家，每个国家的经济发展水平不一，政治体制存在差异，加上宗教信仰不同、历史传统各异，必然导致每个国家有不同的法律法规、监管体系和商业惯例，企业在投资过程中难以采用统一的投资标准或思维方式保证项目顺利开展。此外，部分国家恐怖主义猖獗，政治局势动荡，宗教势力盛行，加上一些政府存在腐败及低效率问题，使得整个投资环境错综复杂。基础设施项目本身建设周期长，投资数额大，风险系数高，所以在投入之前必须全面考察分析。本书对相关国家基础设施建设状况和发展趋势进行了综合分析，为企业开展相关基础设施建设项目的可行性研究提供参考。

三、研究思路和技术路线

本书对基础设施的基本概念、"一带一路"沿线基础设施建设状况及全球基建倡议的发展进行了系统性的整理分析，具体内容安排如下。

第二章首先阐述了基础设施的概念、分类、特征，然后对基建与社会经济发展的关系、影响机制、相关理论与研究进行了梳理和评述，最后论述了在"一带一路"倡议下大力推动基础设施建设的适时性与合理性。

第三章介绍了共建"一带一路"国家与地区的基础设施状况，包括基本需求以及中国在相关国家和地区的基建投资和工程建设情况。

第四章构建了基础设施综合指数分析框架，用以衡量全球各地区基础设施的发展状况，并运用双重差分模型检验了"一带一路"基础设施建设对促进相关区域的经济发展所产生的影响和具体作用机制。

第五章挑选了三个共建"一带一路"基础设施建设项目案例，

分别是中国在东非投建的亚吉铁路、在希腊投建的比雷埃夫斯港以及 2021 年年末开通的中老铁路,分析了各项目在建造运营过程中给当地带来的社会经济效益以及遇到的问题,最后归纳总结了"一带一路"基建项目面临的挑战,并提出相应的对策建议。

第六章介绍了近年来欧美国家在"一带一路"倡议后相继提出的基建倡议,分析了全球基础设施建设的发展趋势以及"一带一路"建设面临的潜在挑战,并从政府和企业等多个层面为高质量推动"一带一路"互联互通建设提出相关政策建议。

本研究的技术路线如图 1-1 所示。

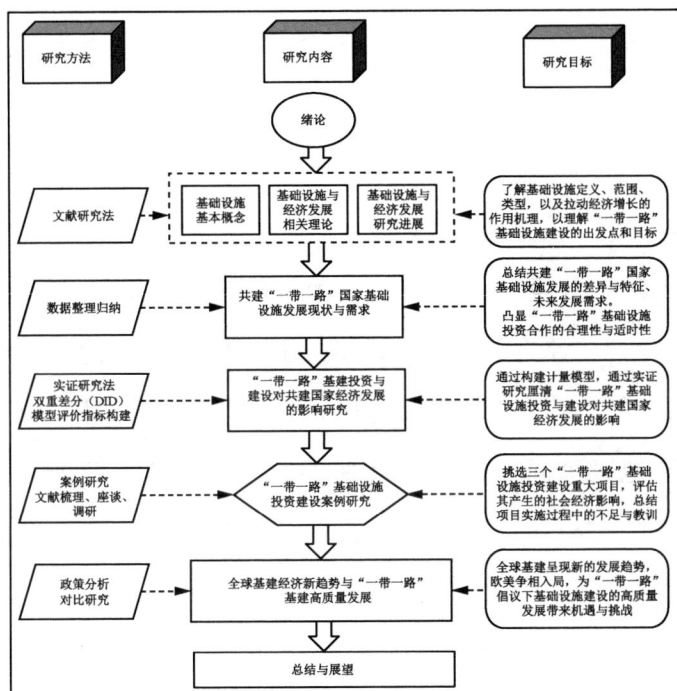

图 1-1 研究技术路线图

四、研究特点

(一)研究视角的特点

本书以"一带一路"基础设施建设为中心,从基础设施的基本概念出发,系统阐述了"一带一路"基础设施建设的核心理念、推进方案与路线,并通过案例研究和实证研究来佐证"一带一路"基础设施建设的适时性与合理性,凸显其对全球治理和构建人类命运共同体的重要价值。此外,在欧美相继提出全球基建倡议的背景下,本书对"一带一路"基础设施建设高质量发展前景做出了判断。

(二)研究方法的特点

本书选取共建"一带一路"国家为研究样本,比以往研究所涉及的"一带一路"沿线区域更加全面,更有层次性。研究充分体现,"一带一路"倡议不仅适用于发展中国家,对于中高等收入国家和地区也同样适用,是真正的全球倡议。此外,全书构建了共建"一带一路"国家基础设施综合指数,用于横向对比各国的基建发展水平,并以此作为计量模型的中介变量,通过构建双重差分模型和中介模型,探究"一带一路"倡议下的基础设施建设对各国经济发展的实质影响。

第二章 ｜ "一带一路"基础设施建设的
基本理论与相关研究

一、基础设施概念与基本理论

(一)基础设施的概念与特征

1. 基础设施的概念

基础设施主要是经济学领域的一个重要概念，对基础设施投资的研究需要首先对其内涵与外延进行准确把握。随着世界形势的复杂变化与经济的发展，人们对基础设施的认识与理解不断地扩大和深化。姆利纳尔·

　　乔德赫里把基础设施分为广义的基础设施和狭义的基础设施两类，狭义的基础设施是硬件设施，如运输、通信、电力等；广义的基础设施还包含硬件设施以外的内容，如教育、公共政策等方面。舒尔茨和贝尔克认为基础设施主要分为核心基础设施和人文基础设施两类，其中核心基础设施主要是指硬件基础设施，包括交通、电力等。世界银行将基础设施分为经济基础设施和社会基础设施，经济基础设施为永久性的工程建筑、设施和服务，除经济基础设施以外的就属于社会基础设施。[①] 基础设施也可以分为有形基础设施和无形基础设施，有形基础设施是具有实际存在形态的、具体可见的基础设施，如交通、建筑等；无形基础设施是抽象的、没有具体形态的基础设施，包括教育、法律等。

　　上述定义中，狭义的和有形的基础设施含义相近，多指物理性的交通、能源、通信等硬件设施，而广义的和无形的基础设施还包含了教育、卫生等软性服务与政策措施。从投资主体来看，基础设施可由政府、私人或公私联合投资，政府投资的一般被认为属于公共基础设施，相应地，也有私人基础设施和公私合营基础设施。

　　综合以上不同机构和学者对基础设施的界定，本书所关注的基础设施指保证国家和地区经济活动正常进行，有助于促进

---

　　① World Bank，*World Development Report 1994*：*Infrastructure for Development*. The World Bank，1994.

生产力提高，为人们日常生活提供便利的非国防性、有形的基础设施，主要包括交通、能源、通信领域的物理性硬件设施。

2. 基础设施的典型特征

一是先行性和基础性。基础设施所提供的公共服务是一切商品与服务的生产所必不可少的，若缺少这些公共服务，其他直接生产经营活动便难以实现。二是不可贸易性。绝大部分基础设施所提供的服务几乎是不能通过贸易进口的，一国可以从国外融资和引进技术设备，但从国外直接整体引进机场、公路是难以想象的。三是整体不可分性。通常情况下，基础设施只有达到一定规模时才能提供服务或有效地提供服务，小规模的投资是不能发挥作用的。四是准公共物品性。有一部分基础设施提供的服务具有相对的非竞争性和非排他性，类似于公共物品。非竞争性是指物品的生产成本不会随着物品消费的增加而增加，即边际成本为零；非排他性是指某人在使用基础设施所提供的服务时不可能禁止他人使用，或要在花费很高的成本后才能禁止，对于这样的服务，任何人都不可能将另外的人排除在外。用经济学家大卫·弗里德曼的话来说，公共物品一旦被生产出来，生产者就无法决定谁来得到它。因为生产者在技术上无法排斥那些不付费而享用该物品的人，或者排斥的成本高到排斥他成为不经济。[1]

---

[1] Friedman, D. D., *Price Theory: An Intermediate Text*, Cincinnati: South Western Pub. Co., 1986.

(二)基础设施建设与经济发展的相关理论

基础设施是现代经济中的一个关键因素，它使私营企业和个人能够更有效地生产商品和服务。就整体经济产出而言，增加公共基础设施支出一般会通过刺激需求在短期内提高经济产出，而在长期内则通过提升整体生产力来提高经济产出。投资对经济产出的短期影响在很大程度上取决于融资的类型和经济状况。投资对经济产出的长期影响也受到融资方式的影响，因为在进行赤字融资时，有可能"挤出"私人投资。经济学家通常认为，基础设施——无论是公路、铁路、机场、公用设施还是公共建筑——都会对经济产出产生影响。

1. 滞后论与超前论

学术界认为基础设施与经济增长联动机制主要有两种，即滞后论和超前论。滞后论认为，一个经济体需对工业、农业等生产性部门进行大规模投资，直到突破经济增长水平的门槛时，投资基础设施建设等才具有促进价值。其描述的现象多发生于穷困的发展中国家，该思想的代表学者为阿尔伯特·赫希曼（Albert O. Hirschman）。

超前论的代表学者为罗森斯坦·罗丹（Rosenstein-Rodan），他提出，相对超前的基础设施建设是经济增长的重要来源，而基础设施部门可通过筹集大量不可分割的社会分摊资金（类似政府运用财政资金）组建。此外，由于基础设施建设前期投入大、产出回报高,需配合经济增长预测,有计划性地进行投资与建设,否则相对滞后的基础设施建设可能导致电力供给不足、道路不通,进而限制生产部门扩大生产,拖累经济增速。

2. 平衡增长理论与非平衡增长理论

(1)平衡增长理论

发展经济学提出了三种有关基础设施推动经济发展的平衡增长理论,包括"平衡增长大推进"理论、"温和的平衡增长"理论和"完善的平衡增长"理论。大规模投资的重要性和全面发展国民经济各部门的必要性是他们强调的共同要点。

①罗丹的"平衡增长大推进"理论

罗丹提出"平衡增长大推进"理论,主张对各个产业部门同时按同一比率进行大规模投资。[①] 他认为在一般的产业投资之前,社会应具备在基础设施方面的积累,故而提出"社会先行资本"的概念。包括基础设施在内的社会先行资本,在工业化过程中起着决定性作用,成为直接生产部门赖以建立和发展的基本条件,直接或间接地影响生产部门的成本和效益以及产品供给的质量和数量。社会先行资本为其他经济生产活动创造了投资机会,其发展必须早于那些回报更快的直接生产性投资。在"平衡增长大推进"的基本思想中,基础设施投资是社会先行资本,

①　Paul N. Rosenstein-Rodan, "Problems of Industrialization of Eastern and South-eastern Europe", *Economic Journal*, 1943, 53: pp. 202-211.

因为基础设施项目规模巨大且各项目之间相互联系、互为依存，必须同时建成才能发挥作用，所以在经济活动前期就需要有最低限度的投资作为先行资本，形成一定规模的生产能力。由于基础设施的最低规模仍然是巨大的，在经济发展初期基础设施生产能力的过剩可能是无可避免的。同时，此类投资仅仅靠市场机制难以建成足够规模的基础设施，必须通过公共投资的方式，有序规划、组织来形成社会先行资本。发展中国家经济中存在着某种"不可分性"，个别部门小规模的投资难以满足庞大的市场需求，不能从根本上解决发展问题。因此对社会先行资本的投资必须是大规模的，厂商和社会都可以借此获得规模经济效益：企业自身的生产经营成本得以降低，从而提高获利能力；整个社会通过获得外部经济效益提高获利能力。

②纳克斯的"温和的平衡增长"理论

纳克斯(Ragnar Nurkse)在"平衡增长大推进"理论之后提出了"温和的平衡增长"理论。他认为，只有综合投资于国民经济多个部门，才能形成更为充足的市场，尤其在经济发展初期，一切部门应当同时扩大规模，以便为投资规模扩大以及经济进一步增长创造条件。各部门平衡增长，既可以产生经济效益，实现资源的合理配置，又可以促进供给和需求的平衡增长，使经济均衡而稳定地增长，基础设施建设的相关商品和服务也必须平衡增长。[1]

---

[1] Nurkse R, *Problems of Capital Formation in Underdeveloped Countries*, Oxford: Basil Blackwell, 1953.

③斯特里顿的"完善的平衡增长"理论

斯特里顿(Paul Streeten)提出的"完善的平衡增长"理论,是一种折衷的平衡增长理论,它介于上述两种理论之间。该理论既主张国民经济各部门按不同的比率全面发展,同时也主张在增长的过程中,依据各个产业产品的需求收入弹性来安排差异化的投资,以解决经济发展的瓶颈问题,最终实现国民经济各部门整体的平衡增长。可见,斯特里顿的平衡增长理论是一种动态的平衡增长战略,平衡增长是该战略的目标,而其实现的过程是多样化的。

(2)非平衡增长理论

非平衡增长理论的主要代表人物是赫希曼,他首次在理论上对社会间接资本与直接生产活动之间资本形成和资源配置的关系进行了全面的、系统的研究。[1] 赫希曼认为各产业部门同步发展所需要的社会资源正是发展中国家所缺乏的,因此强调平衡增长对其并无益处。应首先充分利用稀缺资源,优先发展一部分优势产业,然后逐步扩大对其他产业部门的投资,实施非平衡发展战略。非平衡增长理论的一个前提是区分了社会间接资本(基础设施)与直接生产活动(工业加工),要求资本形成和资源分配优先满足直接生产活动,然后再促进社会间接资本

---

[1] Albert Hirschman, "Unbalanced Growth: An Espousal", in *The Strategy of Economic Development*, New Haven: Yale University Press, 1958.

的形成与均衡发展。赫希曼认为，社会间接资本的超前建设可以为直接生产活动提供比较良好的基础条件，并提升直接生产活动的需求。社会间接资本如果滞后于直接生产活动，也是可以得到弥补的。但是他也认为，基础设施等公用事业的滞后，会严重拖累经济，因此直接生产活动必须有最基础的社会间接资本作为保障。①

（3）交替优先增长理论

乔德赫里（Monynur Data-Jordehory）主张让基础设施与加工产业交替优先增长，由此提出了交替优先增长理论。该理论的前提是确定构成基础设施的部门组成，明确社会分摊资本投资和管理的经济标准，以及厘清直接生产活动与基础设施服务之间的经济联系。他认为，在国民经济发展的初期，经济活动要产生规模效应需要依赖较大规模的社会分摊资本，由此应当优先积累非生产性的社会分摊资本，即增加基础设施建设。随后经济发展进入新的阶段，此时生产性资本逐渐积累形成，且速度比基础设施的积累要快很多，生产率提高。然后，基础设施存量将再次出现紧缺，无法满足生产活动的需求，国民经济需要再一次集中形成社会分摊资本，支撑生产活动的扩张，如此循环往复。②

---

① ［美］赫希曼：《经济发展战略》，经济科学出版社1991年版，第83页。
② 李忠奎、于军：《基础设施建设与国民经济关系的理论研究》，载《交通世界》，2003年第5期。

二、基础设施建设促进经济增长的机制与路径

摆脱贫困与实现经济增长是发展经济学的重要研究内容，也是绝大多数共建"一带一路"国家所面临的主要问题。基础设施投资及援助建设是中国帮助共建"一带一路"国家获得发展权、促进社会经济发展的主要方式。从宏观机制看，基础设施的完善促进货物、资本、技术、人员、信息等经济要素得到优化配置，促进增长联动，实现经济繁荣。总体经济增长又可以通过涓滴效应改善居民收入分配结构，有利于缩小贫富差距。从具体作用渠道上看，通信、水电气、交通等基础设施对推动经济增长发挥了各自的作用。

基础设施建设对经济发展的作用机制和作用路径可用图 2-1 来概括。

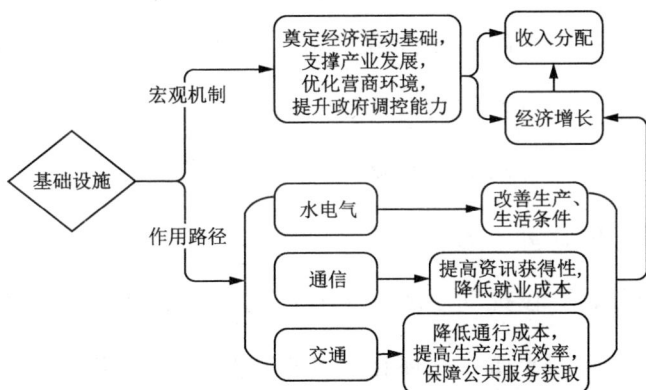

图 2-1 基础设施促进经济增长的机制与路径示意图

(一)基础设施促进经济增长的宏观机制

1. 基础设施建设促进经济增长

基础设施投资是各类经济活动得以顺利进行的先行资本，对经济综合增长起到了支撑和推动作用。基础设施建设的人力资源需求庞大，因此在建设阶段便可以直接带动当地的消费和就业市场，直接促进经济增长。基础设施建成投入运营后，一方面仍可维持相当水平的就业需求，另一方面可以间接促进各行各业的发展。道路交通设施通过缩减出行时间、降低运输成本，为地区内和地区间的经济活动带来了活力。网络、电话等通信设施是产业发展信息化、网络化的基础条件，信息传递和交互的便捷化提高了参与经济活动的主体间的交流效率，也提高了经济活动发生的频率。现代生产经营活动难以离开水、电、天然气，一方面，从事经济活动的人依赖水电气改善生活水平；另一方面，大到工厂、企业，小到餐馆、理发店，都离不开水电气的供给。完善的水电气设施可以保障基础能源供给，降低使用成本，带动经济增长。综上，基础设施的投资建设对农村落后地区的发展起到了基础支撑作用：一方面为本地的生产经营活动提供动能，另一方面加强区域间的物资、人才、信息的流动。通过市场力量对资源进行优化配置，不仅推动了农村的经济增长，也扩大了城市的经济活动范围，有助于城乡一体化、乡村振兴战略的实现。

基础设施建设带动了整体的经济增长，而经济增长通过涓滴效应和财政效应来实现减贫。涓滴效应是指在经济的增长过程中,优先发展起来的群体或地区可以通过消费、就业等方面惠及贫困群体或地区,以此带动其发展和富裕。这与"先富带动后富"的思想相近,城市居民收入水平高,可以通过购买农产品、开展乡村旅游活动,以及大量经济活动产生的劳动力需求,带动农村落后地区的发展,解决就业困难的问题,提高村民的收入,缩小贫富差距。财政效应指经济增长为政府带来了更多的财政收入。政府通过转移支付手段实现精准扶贫,更多的财政预算可以用于对落后地区的定点帮扶,支持农村基础设施、教育、医疗、社保、就业等公共服务体系的建设,亦可以通过财政补贴方式鼓励人才支援偏远地区的教育、产业等各方面的建设,实现减贫目标。

目前,已有大量实证研究分析了"一带一路"基础设施投资对贸易促进和经济增长的影响。多数研究表明,"一带一路"倡议可以促进国际贸易,鼓励参与国的经济发展,但也存在一些不同意见。拉尔等(2020)[1]认为"一带一路"倡议对个别国家有异质性影响。Yu 等(2020)[2]认为"一带一路"倡议对南亚和独联体国

---

① Lall Somik V., Lebrand M., "Who Wins, Who Loses? Understanding the Spatially Differentiated Effects of the Belt and Road Initiative", *Journal of Development Economics*, 2020, 146, 102496.

② Yu L., Zhao D., Niu H., et al., "Does the Belt and Road Initiative Expand China's Export Potential to Countries along the Belt and Road?" *China Economic Review*, 2020, 60, 101419.

家的贸易促进作用不显著。

Alinsato(2015)[1]分析了基础设施在经济全球化过程中对世界各地经济发展所发挥的作用,构建了经济全球化、基础设施、贫困间的关系模型:

$$Pov_i = \gamma_0 + \gamma_1 Global_i + \gamma_2 Emp_i +$$

$$\gamma_3 PubExp_i + \gamma_4 Inf_i + \varepsilon_i。$$

式中,Pov_i 代表国家 i 的贫困水平,$Global_i$ 代表经济全球化水平,Emp_i 表示总劳动力中的就业人口占比,$PubExp_i$ 表示公共支出,Inf_i 表示通货膨胀水平。然后利用两阶段最小二乘法工具变量 IV 技术进行估计,估计模型如下。

第一阶段:

$$Global_i = \alpha_0 + \alpha_1 Instrument_i + \alpha_2 X_i + u_i,$$

第二阶段:

$$Pov_i = \beta_0 + \beta_1 (\widehat{Global_i}) + \beta_2 X_i + v_i。$$

式中,使用了一个工具变量来表征基础设施的质量,包括电信、铁路、机场以及能源基础设施。基于 133 个发展中国家样本数据的分析,研究发现经济全球化的减贫效应显著,但配套的基础设施是其发挥作用的必要条件。

---

① Alinsato, Alastaire S., "Globalization, Poverty and Role of Infrastructures", *Journal of Economics and Political Economy*, 2015, 2 (1s), pp. 197-212.

2. 基础设施建设有利于调节收入分配

基础设施对经济发展起到了基础作用，带动了农村贫困人员的收入增长，因此在一定程度上缩小了城乡居民的收入差距。基础设施的完善，使得邻近城市的公共服务范围得以覆盖农村落后地区，提高农村居民的生活保障水平。基础设施的建设吸引了发达地区技术和资本的流入，为当地居民创造了大量就业机会，市场化程度的提高形成了更好的营商环境，提高了农村整体的工商业水平，使得贫困人口可以通过劳动获得更多报酬而脱贫。但需要注意的是，经济增长可能也会导致贫富差距扩大，这往往是由于地区经济增速过快，过于关注短期利益而忽视了效率与公平的平衡。这时候政府的调控能力尤为重要，经济整体增长使得政府可支配财政收入增加，便可以通过转移支付、提高低保标准、定向提供就业等方式为贫困人口提供更好的生活工作保障，保障居民基本生存权利。尽管收入差距拉大的情况确实存在，但笔者认为基础设施改善带来的经济增长，使得高、低收入群体的收入都实现了增长，并不会导致"穷人更穷"情况的发生。政府通过转移支付等手段，可提高低收入群体的收入，缩小收入分配差距，促进社会公平。

(二)基础设施促进经济增长的路径

1. 道路交通设施促进经济发展

"要致富，先修路"。完善的交通设施为人们获得更多的生产资料、服务和就业机会提供了良好的条件，从生活中的各个环节为经济增长做出了突出贡献。交通设施对经济的促进作用可以归纳为几个方面。第一，桥梁、道路等施工作业大多数是劳动密集型产业，对低技能劳动力需求庞大，而这类人群往往也正是贫困人口，因此，道路交通设施建设项目自身就承载着很大的减贫任务。第二，交通设施改善带来的通行便利性，可以有效提高人们的生产生活效率，通过降低劳动力转移成本提高人员在区域间的流动率，让落后地区的贫困人口有机会去发达城市寻求非农工作，本质上促进了劳动资源的合理配置。便利交通也增加了信息获取的便利性，使就业选择更加丰富。第三，交通便利能够有效促进本地产业的发展。农村地区往往因为道路不畅无法将农产品及时运至市场，出现"农村产品滞销，城市农产品难买"的现象，短期的滞销会给农民带来经济损失，长期则会对当地农业产生致命打击。由此可见，疏通道路促进农产品外销，可直接带动农业的发展。同时，由于近年来城镇化发展速度过快，越来越多的城市居民开始向往农村的田园生活环境，这为发展农村旅游、农家乐等产业带来了良好机遇，本地旅游等产业带来的人员流入，又为餐饮、住宿等服务业的发展带来了契机，而这一切的前提便是道路交通设施的建设和完善。第四，由于优质的医疗、教育资源往往集中在较发达的县市地区，便利的交通让人们更易获得这些资源。医疗服务质量关系着人们的健康，教育服务质量关系着人才培养水平，让落后地区的贫困人口更容易接触良好的医疗、教育，有利于健康的高水平人力资本的积累。而这往往是获得基础工作和高收入岗位的基本条件，综合素质的提高有助于可持续性自发式脱贫事业的发展。综上，交通基础设施建设不仅可以直接带来就业岗位，而且可以通过改善通行的便利性促进本地产业的发展，从而创造更多的就业机会。此外，交通便利带来的医疗教育等优质资源的易获得性，也对减贫脱贫产生了积极的影响。

吉布森和罗泽尔(2002)发现农村与交通设施不完善的地区往往贫困发生率较高①，布莱森(2008)和法伊兹(2012)也认为公路对农村地区减贫起重要支撑作用②。大量区域性的研究③也都证实了这一结论。

---

① Gibson J., Rozelle S., "Poverty and Access to Infrastructure In Papua New Guinea", *SSRN Electronic Journal*, 2002, 52(11944), pp. 159-185.

② Deborah Fahy Bryceson, Annabel Bradbury, Trevor Bradbury., "Roads to Poverty Reduction? Exploring Rural Roads Impact on Mobility in Africa and Asia", *Development Policy Review*, 2008, 26(4), pp. 459-482; Faiz A., "The Promise of Rural Roads: Review of the Role of Low-Volume Roads in Rural Connectivity, Poverty Reduction, Crisis Management, and Livability", *Transportation Research E-Circular*, 2012, pp. 15-23.

③ Jacoby H. C., "Access to Markets and the Benefits of Rural Roads", *Economic Journal*. 2000(110), pp. 713-737; Lokshin, M., "Has Rural Infrastructure Rehabilitation in Georgia Helped the Poor?" *The World Bank Economic Review*, 2005, 19(2), pp. 311-333.

邹等人（2008）[1]基于 1994—2002 年的面板数据，检验了交通设施在中国对于经济增长的影响，构建的模型如下：

$$y_{it} = \alpha_i + \beta X_{it} + \gamma Z_{it} + \phi W_{it} + \mu_{it}。$$

式中，y 代表经济增长水平，用人均 GDP 衡量；X 代表生产要素，由劳动力增速衡量；Z 表示初始增长条件，由 1990 年的真实人均 GDP 和受九年义务教育的人口比例衡量；W 表示市场规模和交通之间的差异，由人口密度、公路、铁路密度表示。

回归结果显示，在交通领域的投资是实现经济增长的重要因素。进一步对比分析发现，在贫穷地区的公路建设投资对经济发展的促进作用非常显著。

2. 能源基础设施促进经济发展

水电气等基础设施从保障居民生活质量、改善生产条件两方面实现了落后地区的减贫目标。贫困地区往往水电气设施不完善，特别是西北干旱地区，不仅农业生产用水短缺问题严重，基本的居民生活用水也难以保障。电力设施是农村产业发展的基础，发展乡村企业是乡村振兴脱贫的一大途径，而电气是支持其发展必不可少的能源保障。电气设施的完善有利于降低电气使用成本，提高贫困人口对电饭煲、洗衣机、电视机、燃气

---

① Zou, W., et al., "Transport Infrastructure, Growth, and Poverty Alleviation: Empirical Analysis of China", *Annals of Economics and Finance*, 2008, 9(2), pp. 345-371.

炉的使用率，由此改善其消费支出结构，提高生活质量。总体上，水电气是基本生活生产资料，完善水利、电网、煤气管道等供应设施的建设，可以保障落后地区贫困人口的日常生活需求，丰富地区生产方式，提高生产效率，带动相关技术、服务产业的发展，最终解决居民就业，提高收入，实现经济发展。

研究发现，灌溉设施的完善直接促进了农业部门的增长，估计弹性为 0.41。[1] 汉得克和科瓦尔(2010)对孟加拉国农村调研发现，农村家庭通电水平每提高 1%，家庭总收入增加近 6%。[2] 松科(2016)对世界银行援助的亚洲农村电气化项目进行了评估，结果表明孟加拉国和印度农村的电气化设施提高了灌溉技术的应用和普及率，由此提高了农业生产效率并降低了贫困水平。[3]

李燕等(2017)[4]利用 2004—2013 年 232 个地级市面板数据，

[1] Cheng FANG，Xiaobo ZHANG，Shenggen FAN.，"Emergence of Urban Poverty and Inequality in China：Evidence from Household Survey"，*China Economic Review*，2002，13(4)，pp. 430-443.

[2] Khandker S R.，Koolwal G. B.，"How Infrastructure and Financial Institutions Affect Rural Income and Poverty：Evidence from Bangladesh"，*Journal of Development Studies*，2010，46(6)，pp. 1109-1137.

[3] Songco Jocelyn A.，"Do Rural Infrastructure Investments Benefit the Poor? Evaluating Linkages：A Global View，A Focus on Vietnam"，*World Bank Policy Research Working Paper*，2016(2796)，pp. 1-65.

[4] 李燕、成德宁、郑鹏：《农业基础设施对农业产出的影响及其区域差异——基于 2004 年～2013 年中国 232 个地级市的分析》，载《广东财经大学学报》，2017 年第 6 期。

研究了中国农村基础设施(水利、电力、公路)对农业产出的影响,采用动态面板回归模型及系统广义矩 GMM 方法来估计,模型如下:

$$\ln Y_{it} = \alpha_1 \ln Y_{it-1} + \alpha_2 \ln INFR_{k, it} +$$

$$\sum_l \beta_l \ln X_{l, it} + \eta_i + \mu_t + \varepsilon_{it} \,\text{。}$$

式中,Y 表示农业产出,$INFR$ 表示农业基础设施,$k=1$,2,3 分别表示公路、农业灌溉、农村电力基础设施,X 为控制变量,η 表示地区效应,μ 表示年份效应。

回归结果显示电力、水利设施对农业产出的影响存在差异性,交通和电力设施对农业产出增长的影响显著为正;灌溉设施对粮食主销区的影响显著为正,但对粮食主产区和主销区的影响显著为负,原因可能是忽视了沟、塘、渠等小型水利设施的建设,因此,应当重视落后地区中小型水利设施投资建设,以帮助其减缓贫困。

3. 通信网络设施促进经济发展

贫困落后地区除了缺少交通设施,还极度匮乏通信网络设施。由于信息闭塞,人们难以获得外部工作机会,这抬高了当地居民获得工作的成本,面对外部未知领域的不确定性,人们也很难迈出寻求非农工作的步伐,缺乏外出劳作的动力,久而久之便容易形成恶性循环,不利于当地的经济发展。通信网络设施的建设,加强了信息的可获取性。一方面,本地人可以获得外部的工作招聘信息，贫困人口容易通过劳动输出提高收入，是简单但很有效的脱贫方式；另一方面，通信的便利也让外界更容易了解贫困地区的困境，有助于社会公益和公共资源向该地区流动。农村地区以种植和养殖为主要产业，农民收入来源除了依赖谷物、家畜的产量，顺畅的销售渠道也尤为重要。滞销往往会给农民收入带来沉重打击，让农民长期的投入付之一炬，产生的损失是导致贫困的重要原因。通信网络带来的信息对等，有利于借助市场的调节能力，优化贫困地区的产业结构，使得当地资源得到优化配置。网络设施带来了低成本的学习渠道，农民比以往更容易获得先进的农业技术，以提高农作物种植水平和直接收入。网络上的就业培训资料，可以有针对性地提升贫困人群的自身能力，使其能够满足更多的岗位要求。更多的谋生方式也会被引入，比如近年来的拍客、直播等，让落后地区的人们不必远走他乡也能通过劳动获得收入。多样化产业的发展使得农村只靠农业的状况成为历史，产生更为系统化的减贫效果。互联网的普及在一定程度上改善了教育资源分布不均的状况。农村教育基础设施和师资力量不足，通过互联网上的优质教育资源，贫困地区的学生也能利用线上教育平台进行系统性的学习。同时，农村教师也可以利用线上平台学习更为先进的教育思想、教学理念并汲取优秀教师的教学经验，以此提高综合教育水平和质量。

妮娜(2014)的研究发现，德国宽带网络的可获得性与失业率存在负向相关关系，即提高宽带设施有利于提高就业水平。[①] 鲁德拉等(2018)利用 G20 的宏观数据发现网络通信基础设施有利于国家经济水平的提高。[②]

埃德奎斯特等(2018)基于 2002—2014 年共 135 个国家的面板数据，构建了计量模型来测算移动宽带设施的普及对经济的影响[③]，模型如下：

$$\Delta \ln Y_{i,t} = \beta_0 + \beta_{MB} \Delta \ln MB_{i,t} + \beta_K \Delta \ln K_{i,t} +$$

$$\beta_L \Delta \ln L_{i,t} + \beta_{HK} \Delta \ln HK_{i,t} + \delta_t + v_{i,t} \, 。$$

式中，MB 表示移动宽带占总宽带连接的比例，K 代表资本要素，L 是劳动力，HK 表示人力资本，δ 是年份虚拟变量，v 是一阶差分残差。回归结果表明，无论是首次引入移动宽带还是移动宽带的逐渐普及，都对经济增长产生显著的正向影响，且移动宽带普及率每提高 10%，会促进 1% 的经济增长。

[①] Nina Czernich, "Does Broadband Internet Reduce the Unemployment Rate? Evidence for Germany", *Information Economics and Policy*, 2014(29), pp. 32-45.

[②] Rudra P. Pradhan, Girijasankar Mallik, Tapan P. Bagchi., "Information Communication Technology(ICT) Infrastructure and Economic Growth: A Causality Evinced by Cross-country Panel Data", *IIMB Management Review*, 2018, 30(1), pp. 91-103.

[③] Edquist, H., et al., "How Important are Mobile Broadband Networks for the Global Economic Development?" *Information Economics and Policy*, 2018(45), pp. 16-29.

三、"一带一路"基础设施建设理念及其合理性

（一）"一带一路"基础设施建设理念

按照共建"一带一路"的合作重点和空间布局，中国提出了"六廊六路多国多港"的合作框架。"六廊"是指新亚欧大陆桥、中蒙俄、中国—中亚—西亚、中国—中南半岛、中巴和孟中印缅六大国际经济合作走廊。"六路"指铁路、公路、航运、航空、管道和空间综合信息网络，是基础设施互联互通的主要内容。"多国"是指一批先期合作国家。"一带一路"建设涉及众多国家，中国既要与各国平等互利合作，也要结合实际与一些国家率先合作，争取形成示范效应，体现"一带一路"理念的合作成果，吸引更多国家参与共建"一带一路"。"多港"是指若干保障海上运输大通道安全畅通的合作港口，通过与"一带一路"沿线国家共建一批重要港口和节点城市，进一步繁荣海上合作。"六廊六路多国多港"是共建"一带一路"的主体框架，"六路""多港"体现了"一带一路"倡议以基础设施建设先行推动相关国家合作共建的理念。

共建"一带一路"国家中相当多的国家基础设施建设不足，区域、次区域发展面临瓶颈制约。加强基础设施建设，推动跨

国、跨区域互联互通是共建"一带一路"的优先合作方向，也是提高贸易便利化水平、建设高标准自由贸易网络的重要依托。中国政府鼓励实力强、信誉好的企业走出国门，在"一带一路"沿线国家开展铁路、公路、港口、电力、信息通信等基础设施建设，促进地区互联互通，造福广大民众。

1. 对接建设规划

中国与"一带一路"沿线国家对接基础设施建设规划，建立由主管部门牵头的双多边互联互通政策协商和对话机制，同时重视发展互联互通伙伴关系，将加强基础设施互联互通纳入共建"一带一路"合作协议。中国政府部门与欧盟委员会签署谅解备忘录，启动中欧互联互通平台合作。中国、老挝、缅甸和泰国四国共同编制了《澜沧江—湄公河国际航运发展规划（2015—2025年）》。2016年9月，《二十国集团领导人杭州峰会公报》通过中国提出的建立"全球基础设施互联互通联盟"倡议。

2. 促进运输便利化

中国与"一带一路"沿线15个国家签署了包括《上海合作组织成员国政府间国际道路运输便利化协定》《关于沿亚洲公路网国际道路运输政府间协定》在内的16个双多边运输便利化协定，启动《大湄公河次区域便利货物及人员跨境运输协定》便利化措施，通过73个陆上口岸开通了356条国际道路运输线路。与"一带一路"沿线47个国家签署了38个双边和区域海运协定，与 62 个国家签订了双边政府间航空运输协定,民航直航已通达 43 个国家。中国政府有关部门还发布了《关于贯彻落实"一带一路"倡议 加快推进国际道路运输便利化的意见》,推动各国互联互通法规和体系对接,增进"软联通"。

3. 推动交通网络建设

匈塞铁路、印尼雅万高铁、巴基斯坦白沙瓦至卡拉奇高速公路、中巴喀喇昆仑公路二期、比雷埃夫斯港、汉班托塔港、瓜达尔港等标志性项目建设成功推进。亚的斯亚贝巴—吉布提铁路建成通车,这是非洲第一条跨国电气化铁路。中老铁路也于 2021 年年末通车,促进中老双边贸易和人员往来。中国企业在乌兹别克斯坦、塔吉克斯坦实施的铁路隧道项目,以及哈萨克斯坦南北大通道 TKU 公路、白俄罗斯铁路电气化改造等项目,将有效提升当地交通运输能力。中国与有关国家一道,不断打造连接亚洲各次区域以及亚非欧之间的交通基础设施网络,提升互联互通水平和区域、次区域物流运输效率。

4. 联通能源设施

中国积极推动与相关国家的能源互联互通合作,推进油气、电力等能源基础设施建设,与相关国家共同维护跨境油气管网安全运营,促进国家和地区之间的能源资源优化配置。中俄原油管道、中国—中亚天然气管道 A、B、C 线保持稳定运营,中国—中亚天然气管道 D 线和中俄天然气管道东线相继开工,中巴经济走廊确定的 16 项能源领域优先实施项目已有 8 项启动建设。中国与俄罗斯、老挝、缅甸、越南等周边国家开展跨境电力贸易，中巴经济走廊、大湄公河次区域等区域电力合作取得实质性进展，合作机制不断完善。中国企业积极参与"一带一路"沿线国家电力资源开发和电网建设改造，中兴能源巴基斯坦 QA 光伏园区发电项目建成后将成为全球规模最大的单体光伏发电项目，吉尔吉斯斯坦达特卡—克明输变电、老挝胡埃兰潘格雷河水电站、巴基斯坦卡洛特水电站等项目有助于缓解当地电力不足的矛盾。

5. 打造数字信息网络

部分"一带一路"沿线国家数字基础设施较为薄弱，可以通过经验分享、数字基建合作等方式，助力跨境光缆等通信网络建设，提高国际通信互联互通水平。共建"一带一路"以来，各国已在数字基础设施建设和互联互通领域取得一定成果。中国通过国际海缆可连接美洲、东北亚、东南亚、南亚、大洋洲、中东、北非和欧洲地区。"亚非欧 1 号"洲际海底光缆等标志性项目投入运营，长达 12 000 千米的"和平光缆"地中海段完工，其从中国西部地区出发，穿越中巴经济走廊，在瓜达尔港入海，通过非洲之角，经过吉布提、埃及、肯尼亚，最后到达法国马赛，承接起中国与非洲和欧洲之间的数据传输重任。截至 2020 年年底，我国已与 16 个国家签署"数字丝绸之路"合作谅解备忘录，与 22 个国家建立"丝路电商"双边合作机制，推动互联网和信息技术、信息经济等领域合作。

(二)推动"一带一路"基础设施建设的合理性

中国改革开放后的经济腾飞伴随着基础设施的快速建设，而许多落后国家发展迟滞的一大原因正是基础设施建设严重不足。基于自身的发展经验，习近平总书记在 2013 年提出"一带一路"重大倡议，以基础设施项目建设和产能合作等为重点，促进相关国家互联互通。"一带一路"沿线国家多数是仍处于经济发展初期的发展中国家，基础设施建设滞后拖累了经济增长，同时也缺乏充足的资金和经验加快基础设施建设。在此背景下，中国经济增长模式和基建快速发展经验便可以为相关国家提供支持。"一带一路"是合作共赢之路，不仅有助于中国产业结构升级，也给沿线国家带来发展机遇，通过互惠合作，实现各国共同发展与繁荣，助推建设人类命运共同体。

过去四十多年，中国积累了成熟的基础设施建设及运营经验，形成了三种较为有效的基础设施建设方案：一是将市场机制引入公共产品供给领域，二是不断完善多元投资主体，三是发挥开发性金融对基础设施建设的带动作用。这些经验和模式都可以通过互惠合作帮助共建"一带一路"国家和地区完善基础设施建设，推动经济进一步发展。例如，通过引入市场机制，提高公共产品资源的配置效率；拓展融资渠道，通过多边开发机构及专项基金为相关国家提供资金支持，解决基建投资不足的难题。

除了广大发展中国家，许多发达国家的基础设施建设进入 21 世纪也逐渐老化落后。据 G20 全球基础设施中心（Global Infrastructure Hub）估算，从 2016 年到 2040 年，世界基础设施建设投资总需求约为 94 万亿美元，而当前的投资趋势只达到 79 万亿美元，存在 15 万亿美元的投资缺口。其中，美洲基建投资缺口最大，高达 47%，最主要的就是美国，占比达一半以上。根据美国土木工程协会基础设施报告，美国公路、航空、卫生等基础设施均处于极度不佳状态。欧洲投资缺口也有 16%。相比之下，亚洲基建投资需求更高，但缺口只有 10%。由此可见，发达国家也存在基础设施落后、基建投资不足的问题。中国经过改革开放四十多年的高速发展，在基础设施建造能力和投资上都可以弥补欧美国家的短缺，中国企业近年来对美国的投资，很大一部分流向了基础设施投资项目。总体来看，中国凭借自身的经验和基建能力，与发展中国家和发达国家都可以找到互补之处，构建良好的合作共赢关系。

从全球生产分工体系的演化来看，过去全球价值链表现形式主要以发达国家为核心，中国等新兴国家和发展中国家正开展广泛的经济合作，通过资源、工业等领域的投资带动落后地区快速发展，形成新的价值链循环，成为全球经济增长的新引擎。同时，中国已逐渐成为大多数国家最大的贸易伙伴，在全球价值链体系中占有独特的重要地位，将为进一步推动"一带一路"建设及基础设施投资项目的发展提供重要动力。

总而言之，共建"一带一路"，有助于共建各国及地区改善基础设施条件，为经济的快速发展奠定良好基础。此外，中国与共建"一带一路"国家间紧密的互联互通联系，进一步强化了中国与相关国家的协同发展关系，有利于实现互帮互助，共同繁荣。因此，"一带一路"倡议的提出及其实施可谓正当其时、恰应所需，正是势所必然、大势所趋。

第三章 | 共建"一带一路"国家基础设施状况与发展需求

一、共建"一带一路"国家基础设施建设状况

（一）共建"一带一路"国家基本社会经济状况

"一带一路"倡议提出至今已有九年时间，过去多数研究关注的是"一带一路"沿线国家。事实上，近年来"一带一路"建设进展快速，截至2022年2月6日，中国已经同148个国家和32个国际组织签署200余份共建"一带

一路"合作文件,广泛分布于亚洲、欧洲、美洲、非洲和大洋洲。"一带一路"倡议的参与地区覆盖约50亿人口,其国内生产总值(GDP)之和约占全球的40%。由此可见,作为一项全球倡议,"一带一路"的影响范围已经从沿线地区扩展到全球范围。

共建"一带一路"国家的洲际分布如表3-1所示。虽然非洲一些地区不属于"一带一路"沿线地区,但是非洲国家积极参与共建"一带一路"。截至2022年2月,已经有51个非洲国家同中国签署共建"一带一路"谅解备忘录,亚洲国家有38个,欧洲国家有27个,拉丁美洲有21个国家参与"一带一路"建设,大洋洲有11个国家与中国签署了共建"一带一路"合作协议。

表 3-1　共建"一带一路"国家的洲际分布情况

大洲	国家数量
非洲	51
亚洲	38
东南亚	11
中亚	4
西亚	16
南亚	5
东亚	2
欧洲	27
拉丁美洲	21
大洋洲	11

　　世界银行将国家按照收入等级划分为四个群体，分别是高收入水平国家、中高收入水平国家、中低收入水平国家和低收入水平国家。2019 年共建"一带一路"的国家分布于收入水平的各个等级。其中，低收入国家 23 个，在共建国家中占比 15.5％；中低等收入国家 49 个，占比 33.1％；中高等收入国家 43 个，占比 29.1％；高收入国家 33 个，在共建国家中占比 22.3％。

　　此外，沿线国家的整体收入水平比非沿线国家要高，主要因为非沿线国家较多位于非洲地区，经济发展水平相对落后。

　　基础设施建设一向具有投资大、建设周期长等特点，这就需要被投资国或受援国具备长期稳定的国内政策环境和社会环境。世界银行世界治理指数（Worldwide Governance Indicators，WGI）数据库包含了衡量一国治理能力的六个指标，分别是话语权与问责（Voice and Accountability）、政治稳定与无暴力（Political Stability and Absence of Violence）、政府效率（Government Effectiveness）、监管质量（Regulatory Quality）、法治（Rule of Law）、控制腐败（Control of Corruption）。各指标取值范围为－0.25（最弱）到 0.25（最强），本书选取政治稳定与无暴力指标来分析相关国家的政治稳定性及发展趋势，在一定程度上可以反映相关政治环境对推动"一带一路"基础设施建设的影响。总体上，共建"一带一路"国家的政府稳定指数 2020 年平均值为

—0.22,表明相关区域的政府稳定性总体较差。从 2006—2020 年的整体趋势上看呈现波动状态,2007 年指数为—0.195,随后下降,到 2009—2012 年处于波谷,平均指数在—0.216 至—0.021 之间,2014—2016 年指数上升到—0.19 左右,之后再次下降至 2020 年的—0.22。近两年政府稳定性表现较差可能与新冠肺炎疫情及世界经济衰退有关。分区域看,如图 3-1(a)所示,不同地区的政治稳定性差异较大,大洋洲总体政治稳定性好于其他地区,拉丁美洲地区共建"一带一路"国家的政治稳定性保持上升趋势,而欧洲相关国家在 2008 年后出现缓慢下降的趋势。亚洲和非洲相关国家的政治稳定性总体较低,不过亚洲区域在保持稳定上升,非洲则呈现相反的趋势。从亚洲内部来看,如图 3-1(b)所示,东亚地区(蒙古、韩国)的政治稳定性最高,其次是东南亚地区,且近年来东南亚地区整体政治稳定性保持稳定上升趋势。中亚地区在观察区间内政治稳定性波动较大。南亚地区自 2008 年后政治稳定性有较大提升,但相对其他地区政局稳定性仍然较差。西亚地区政局稳定性有持续下降的风险,且 2015 年之后已经是亚洲政局最为不稳的地区,这也为推进"一带一路"建设带来潜在挑战。

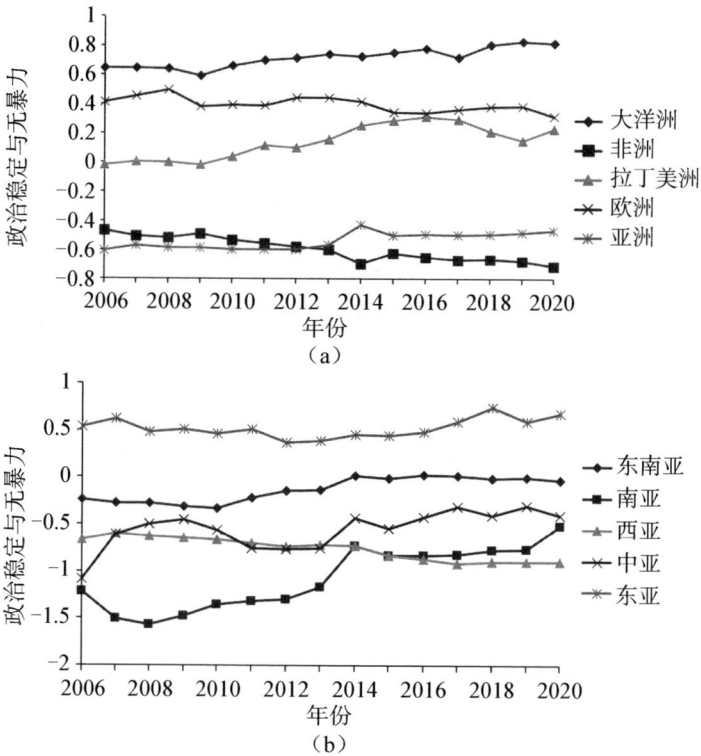

图 3-1　共建"一带一路"国家分地区政治稳定性指数

数据来源：世界银行 WGI 数据库。

（二）共建"一带一路"国家的基础设施现状

1. 交通基础设施

交通基础设施包括铁路、公路、港口、机场等，其发展特征与一国的地理位置、国土面积等自然属性有较大关系。我国国土面积居世界第三，所拥有的公路、铁路总长度排在世界前列，而日本、新加坡等国家由于国土面积的限制，公路或铁路长度并不突出，但不代表其交通基础设施落后。新加坡、阿联酋、卡塔尔等国家海岸线较长，海洋运输自然成为其重要的交通方式。相比之下，航空是各国发展受地理环境限制较小的交通运输方式，其建设质量一般与当地经济水平相关。世界银行WDI数据库收录了世界较多国家的航空货运量数据，反映了飞行阶段所运送的各种货物的数量，以公吨乘飞行千米数度量。

由于部分国家数据缺失，2019年94个数据较完整的共建"一带一路"国家的平均航空货运量为9.38亿吨-千米，我们将分布于各洲的共建国家平均航空货运量列于表3-2。亚洲共建"一带一路"国家的平均航空货运量水平明显高于其他地区，反映了亚洲经济活力旺盛，货物贸易频繁，也反映了亚洲参与"一带一路"建设的国家众多。非洲、拉丁美洲的航空货运量处于最后两位，反映了其机场基础设施的相对落后。

铁路是陆地面积广阔国家的主要运输方式，其具有货运量大、成本低廉的特点。2017年，50个数据较为完整的共建"一带一路"国家的平均铁路货运量为657.79亿吨-千米。由表3-2可知，欧洲地区共建"一带一路"国家的平均铁路货运量达到1 174.53亿吨-千米，远远超过其他地区的货运水平，表明了欧洲铁路网建设完善。其次是亚洲地区，达到217.79亿吨-千米。大洋洲国家多数是岛国，连续的陆地面积小，限制了铁路的发展。非洲地区虽然地域广阔，但受制于严重落后的经济水平，铁路设施建设也非常滞后。中国投资建设的亚吉铁路、蒙内铁路等,为非洲地区带来了新的经济活力,刺激了当地的经济发展。

表 3-2 共建"一带一路"国家交通基础设施(分区域平均值)

区域	铁路货运量 (亿吨-千米,2017 年)	航空货运量 (亿吨-千米,2019 年)
亚洲	217.79	20.06
东南亚	60.61	13.18
南亚	50.31	1.90
西亚	102.91	32.88
中亚	575.75	0.31
东亚	108.61	53.36
欧洲	1 174.53	8.17
非洲	14.56	1.61
拉丁美洲	60.74	1.77
大洋洲	36.19	3.37

数据来源:世界银行 WDI 数据库。

铁路、航空毕竟不能覆盖全部的交通方式,世界银行联合学术机构、国际组织、私营企业以及国际物流从业人员共同编制的物流绩效指数,用于评价贸易和运输相关基础设施(如港口、铁路、公路、通信)的质量,可以较为全面地衡量一国交通基础设施水平。图 3-2 展示了各地区物流绩效指数从 2007 年到 2018 年的变化。2014 年之后,各地区物流绩效指数排名依次为欧洲、亚洲、大洋洲、拉丁美洲、非洲。在亚洲内部(见图 3-3),东亚的物流绩效指数最高,其次是东南亚和西亚地区,南亚和中亚地区参与共建"一带一路"的国家评价物流绩效指数落后较多。

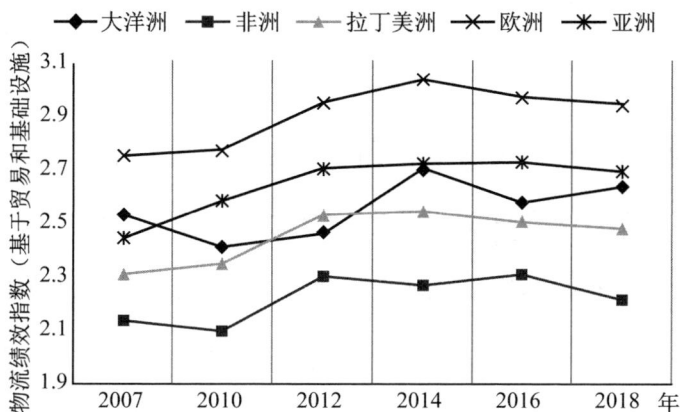

图 3-2 共建"一带一路"国家分地区物流绩效指数

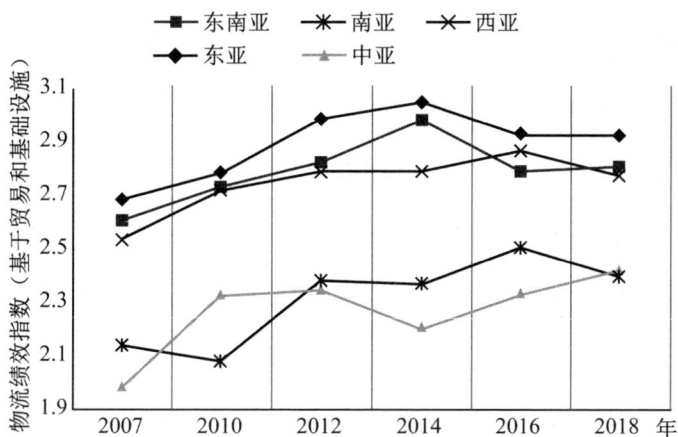

图 3-3 共建"一带一路"国家分地区物流绩效指数(亚洲区域)

2. 能源基础设施

能源是支撑国家经济发展的血液，能源基础设施是输送血液的大动脉，完善的基础设施保障了生产经营活动和居民生活的顺利进行。从概念上讲，能源基础设施指生产和输送能源的设备，包括油气管道、发电供电设施等。由于基础设施类型众多，统计时效相对滞后，一般选用能源的生产或消费量来侧面反映基础设施建设程度。但是，以能源生产量衡量一国（地区）能源基础设施并不全面，因为像日本、韩国等资源匮乏国的能源基础设施网络也非常发达。相比之下，能源使用量则可以更好地反映能源基础设施水平。另外，发达国家的能源使用效率通常更高，如果用一次能源使用量衡量，则可能发现基础设施发达地区的人均能源消费量低，但这不能代表其基建水平低。电力作为最主要的终端用能形式，可以较好地反映一国电网覆盖率及相关一次能源的获得能力。综合上述考虑，我们选取人均电力消费量来反映一国的能源基础设施建设水平。相关国家的人均电力消费情况如图3-4所示。

2020年可获得数据的143个共建"一带一路"国家的人均电力消费量平均为2 657.8千瓦小时/人，低于同期世界平均水平3 876千瓦小时/人。如图3-4（a）所示，分地区看，欧洲和亚洲相关国家的人均电力消费量较高，且亚洲地区相关国家近十年电力消费水平上升明显。非洲地区的相关国家电网基础设施水平差，电力消费量最低，欧亚地区电力消费水平是非洲的5倍之多，也显示出共建"一带一路"地区中能源基础设施发展水平差异显著。如图3-4（b）所示，亚洲地区内部不同区域的电力消费量差异明显。西亚和东亚是参与共建"一带一路"国家中人均

千瓦小时/人　◆ 大洋洲　■ 非洲　▲ 拉丁美洲　✕ 欧洲　✳ 亚洲

（a）

千瓦小时/人　■ 东南亚　✳ 南亚　✕ 西亚　▲ 东亚　◆ 中亚

（b）

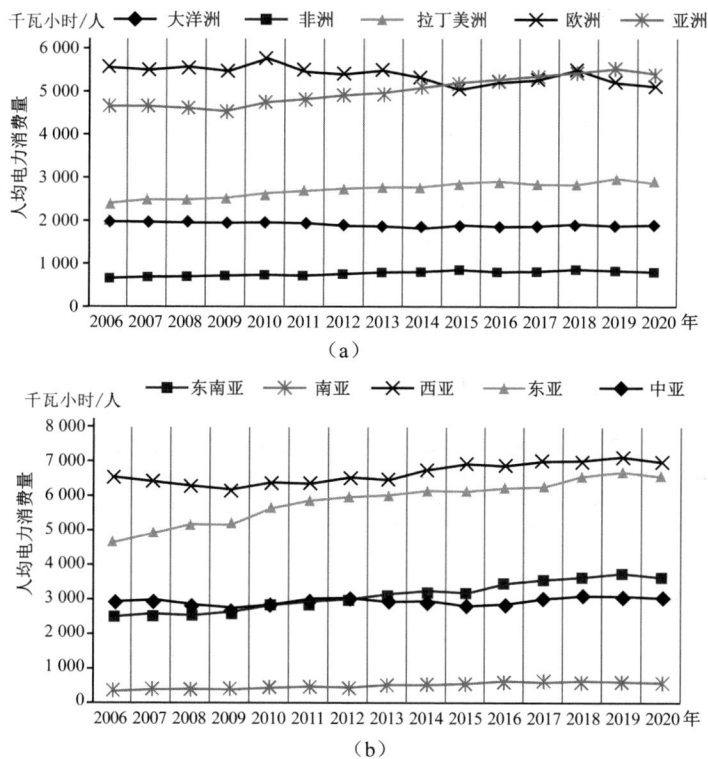

图 3-4　共建"一带一路"国家分地区人均电力消费量

数据来源：由 BP 统计年鉴及 EIA 公布数据整理。

电力消费水平较高的，而南亚相关国家的人均电力消费量仅为
600 千瓦小时/人左右，与西亚地区相关国家的电力消费水平相
差 10 倍之多，显示出南亚相关国家电力基础设施建设严重落
后。中亚地区和东南亚地区的电力消费水平相当，东南亚地区
相关国家的电力基础设施近年来不断完善，人均电力消费水平
也在稳步提升。

3. 信息基础设施

信息基础设施是指一切与信息传递有关的基础设施，主要包括固定电话线路、移动通信基站及网络、互联网宽带等。进入 21 世纪，互联网对世界社会经济发展的影响远大于电话、电视等传统信息基础设施。由此，我们选用互联网使用人数占总人口比重、每百人固定宽带用户来衡量共建"一带一路"国家的信息基础设施水平，具体情况如表 3-3 所示。

表 3-3　2019 年共建"一带一路"国家互联网使用情况

区域	互联网使用人数占总人口比重/%	每百人固定宽带用户（人）
亚洲	72.58	11.52
东南亚	72.04	8.90
南亚	19.66	5.93
西亚	86.57	13.08
中亚	76.14	10.56
东亚	73.62	26.30
蒙古	51.08	9.34
韩国	96.16	42.76
欧洲	79.86	28.73
非洲	37.23	2.31
拉丁美洲	63.17	14.57
大洋洲	34.93(2017 年)	1.60

数据来源：世界银行 WDI 数据库。

2019 年，共建"一带一路"国家的互联网使用人数占总人口比重平均值为 59.81%，同期全世界平均值为 64.21%，说明共建"一带一路"国家的信息基础设施建设还相对落后，仍有较大提升空间。从趋势看，2006 年，共建"一带一路"国家的互联网使用人数占总人口比重仅为 16.58%，此后以 10.4% 的年均增速快速增长。分地区看，欧洲信息基础设施最发达，平均互联网使用人数占比达到 79.86%。随后是亚洲，占比为 72.86%。非洲和大洋洲相关国家整体经济水平落后，信息基础设施建设相对滞后，互联网使用人数占比不到 40%。拉丁美洲参与共建"一带一路"的国家信息基础设施水平处于中等位置，互联网使用人数占比在 63% 左右。

共建"一带一路"国家每百人固定宽带用户平均值从 2006 年的 3.2 人上升到 2019 年的 12.4 人，呈现持续增长的趋势。这表明进入 21 世纪后，互联网基础设施在不断普及。从地区上看，差异仍然较大，欧洲地区共建国家的固定宽带用户数最高，为 28.73 人/百人。亚洲、拉丁美洲相关国家的固定宽带普及程度相近，为 11.5~14.6 人/百人。非洲和大洋洲相关地区的宽带普及程度最低，分别为 2.31 人/百人和 1.6 人/百人。

从亚洲内部看，区域差异比较明显。韩国的固定网络宽带用户和互联网使用人数占总人口比重分别为 42.76 人/百人和 96.16%，领先其他地区较多。西亚地区的固定宽带建设和互联网普及率紧随其后。南亚地区的信息基础设施建设最为落后，

2019 年的互联网使用人数占比不足 20%，每百人中仅有 5.93 人为固定宽带用户。

(三)共建"一带一路"国家的基础设施发展特征

1. 区域内基础设施发展总体呈上升趋势

基于上述交通、能源、信息基础设施的数据分析，共建"一带一路"国家的基础设施发展总体呈现上升趋势。其中，信息基础设施的建设和发展速度最快，固定宽带用户和互联网使用率都以年均超 10% 的速度增长。

"一带一路"沿线地区是"一带一路"倡议提出时的重点开发区域，也是我国企业开展投资活动的主要区域。根据中国对外承包工程商会和中国出口信用保险公司联合发布的《"一带一路"国家基础设施发展指数报告(2021)》，自"一带一路"倡议提出以来，沿线地区的基础设施发展开始向好。但由于近年来世界经济发展速度缓慢，大国博弈干扰各国经济发展，全球政治格局有所变动，以及新冠肺炎疫情的影响，相关地区基础设施发展缺乏良好的环境，导致 2019—2020 年基础设施发展指数下滑明显。2021 年"一带一路"国家基础设施发展指数得分止跌回升(见图 3-5)。随着全球新冠肺炎疫情开始得到控制，各国相继出台经济刺激政策，同时经济复苏预期不断增强，未来"一带一路"相关地区的基础设施发展仍有可观前景。

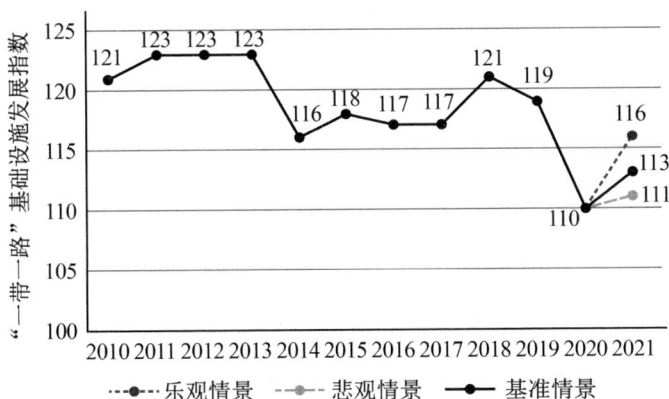

图 3-5　"一带一路"沿线国家基础设施发展指数

资料来源:《"一带一路"国家基础设施发展指数报告(2021)》。

2. 基础设施发展区域差异显著

从区域来看,参与共建"一带一路"的国家基础设施发展极不平衡。欧洲地区相关国家整体基础设施建设水平更高,物流绩效指数、电力消费水平以及网络宽带普及率都明显领先于其他地区。不过,欧洲面积大,国家数量多,对基础设施建设的需求也不尽相同,导致各国之间发展差距明显。摩尔多瓦、阿尔巴尼亚、波黑、北马其顿等国家经济发展缓慢,基础设施建设动力不足,在共建"一带一路"欧洲国家中处于落后状态。意大利、奥地利和爱沙尼亚等国家的基础设施水平处于较高水平。尽管俄罗斯拥有丰富的石油天然气资源,也是欧洲最大的能源出口国,但其国内能源基建水平并不突出。自 2014 年俄乌冲突后,乌克兰和俄罗斯的经济发展都受到较大影响,对基础设施的建设投入也大大降低。从地理环境看,斯洛伐克、匈牙利等国自然资源丰富，地理位置优越，未来在基础设施领域的发展拥有较大潜力。

包括中国在内的亚洲地区人口基数庞大，为近十年的世界经济增长贡献了主要力量。亚洲区域内仍有不少经济落后的发展中国家，基础设施发展需求强劲，交通、能源基础设施行业市场投资前景广阔。类似欧洲相关共建国家，亚洲内部国家的基础设施发展水平差异也较大。发展水平较高的是东南亚、西亚地区，而南亚和中亚地区的交通、电力、信息基础设施都全面落后。另外，回顾图 3-1，亚洲地区的政治稳定性整体较差，这是未来在相关区域推动基础设施建设的主要阻碍之一。

拉丁美洲参与共建"一带一路"的部分国家总体经济较为落后，发展环境较差，基础设施建设也相对滞后。在全球新冠肺炎疫情的冲击下，拉美国家经济普遍受到相当大的冲击，原本就脆弱的经济面临巨大挑战，在此背景下对基础设施的投资直线下跌，项目施工难度上升，因防疫政策而带来的建设成本和人力成本显著增加。在政治上，拉美政权更替频繁，政治派系互搏现象导致其经济政策缺乏延续性，项目推进稳定性面临挑战。部分右翼政府对中国的相对排斥态度也会对"一带一路"基础设施建设的推进产生阻力。另外，在 2019 年 12 月，美国官方正式推出了"美洲增长"倡议，其目标是推动私营部门对拉美和加勒比地区能源和基础设施的投资，促进创造就业和启动经济增长。各方加大对拉美的基建投资，同质化竞争可能对"一带一路"相关项目的推进带来不稳定因素。

　　非洲无论是从交通、能源还是通信基础设施上，都处于全面落后的状态。一方面，其经济增长缓慢，难以支撑基础设施建设所需的庞大投资；另一方面，基建的落后也限制了非洲地区的经济发展。"一带一路"倡议提出的一大初衷便是帮助落后地区融资，支持当地的基础设施建设。中国通过工程援助和资金援助的方式带动非洲地区基础设施建设，为当地居民提供工作机会，提高其收入水平。亚吉铁路、蒙内铁路等是"一带一路"倡议在非洲地区开花结果的标志项目，为促进当地社会经济发展做出了巨大贡献。

　　3."一带一路"倡议为区域基础设施发展提供新动能

　　随着"一带一路"建设持续推进，国际影响力不断扩大，不少国家相继推出了相关政策与"一带一路"倡议进行对接，如俄罗斯的"欧亚经济联盟"、蒙古国的"草原之路"计划、欧洲国家的"容克投资"计划、越南的"两廊一圈"、泰国的"东部经济走廊"计划、哈萨克斯坦的"光明之路"和波兰的"琥珀之路"战略等。相关国家都在积极加强国际合作，促进双边贸易发展，实现产业经济升级。另外，在新型投资模式的参与下，各国的合作方式也更加灵活。例如，中葡在经贸合作和特色金融服务方面充分发挥了澳门特区的支点作用，中国建筑集团有限公司与法国爱集思公司(Egis)联合在刚果(布)第一条道路上开展业务,中国交通建设集团在第三方市场合作框架下与法国公司合作共建喀麦隆港口,等等。

二、中国对共建"一带一路"国家及其相关地区的投资与工程承包

(一)中国对外投资分析

1. 投资存量分析

改革开放以来,中国经济以惊人的发展态势实现了量质腾飞,"走出去"的步伐逐渐加快,对外投资量也快速增长。2013年,中国对外直接投资首次突破千亿美元。自"一带一路"倡议实施以来,中国将投资的重点区域放在了"一带一路"相关国家,2006年对"一带一路"沿线国家的投资规模仅为51.98亿美元,到2013年高达720亿美元,占中国对外直接投资总存量的11%左右。近年来,我国对"一带一路"相关国家投资保持稳步增长。

2020年受新冠肺炎疫情大流行的影响,全球对外直接投资都明显放缓。联合国贸发会议《2021年世界投资报告》显示,2020年全球对外直接投资流量7 399亿美元,同比下降39.4%,

而中国对外直接投资逆势增长，流量达 1 537.1 亿美元，首次跃居世界第一，占全球份额的 20.2％。中国 2.8 万家境内投资者在全球 189 个国家（地区）设立对外直接投资企业 4.5 万家，全球 80％以上国家（地区）都有中国的投资，2020 年年末境外企业资产总额 7.9 万亿美元。同时，中国境内投资者在"一带一路"沿线的 63 个国家设立境外企业超过 1.1 万家，涉及国民经济 18 个行业大类，当年实现直接投资 225.4 亿美元，同比增长 20.6％，占同期中国对外直接投资流量的 14.7％，较上年提升 1％。

2013—2020 年，中国对"一带一路"沿线国家累计直接投资 1 398.5 亿美元。2020 年年末，中国对"一带一路"沿线国家的直接投资存量为 2 007.9 亿美元，占中国对外直接投资存量的 7.8％，存量位列前 10 的国家是新加坡、印度尼西亚、俄罗斯、马来西亚、老挝、阿拉伯联合酋长国、泰国、越南、柬埔寨、巴基斯坦，东南亚国家占了 7 位。"一带一路"地区覆盖很多新兴市场国家，经济增长空间越来越大，随着"一带一路"倡议的走深走实，中国未来在相关地区的投资也将进一步扩大，并且不断探索投资合作新模式，促进高质量的投资合作。

2. 投资区域分析

截至 2022 年 3 月，共建"一带一路"国家已经达到 148 个，其中不少国家签署共建"一带一路"合作协议发生在近几年。中国对"后来者"相关区域的投资活动尚不密集，目前主要的投资还是集中于"一带一路"沿线64国。从区域分布角度看，沿线国家分布在不同的大陆板块和不同的区域。其中，中国与东南亚地区的经济联系更为密切，相关投资活动也更加频繁，2020年东盟首次成为中国第一大贸易伙伴，自由贸易区的建设以及区域全面经济伙伴关系协定(RCEP)的签署将加快中国—东盟区域经济一体化进程。从区域内部看，我国在东南亚地区的投资对象主要是新加坡和印度尼西亚，2020年这两个国家吸纳的中国对外直接投资占所在区域的存量份额分别为47%和14%。

西亚地区作为世界油气资源的重要供给地，成为各国投资热点地区之一。近年来，我国在西亚地区投资对象主要是伊朗、以色列和阿联酋三国，2020年我国在西亚地区对外直接投资存量中有13%、15%和35%的部分流向伊朗、以色列和阿拉伯联合酋长国。

中亚地区也是我国极为重视的"一带一路"沿线投资发展地区，2012年我国对中亚五国的投资存量是72.41亿美元，2018年增长为146.81亿美元。从区域内部看，我国对中亚地区的直接投资对象以哈萨克斯坦为主，对该国投资存量占整个区域投资额的四分之三，其次是吉尔吉斯斯坦、塔吉克斯坦、土库曼斯坦。

南亚地区因受地形及国际政治动荡影响,相比沿线其他地区而言双边贸易发展落后。但随着"一带一路"倡议深入推进,我国对南亚地区对外投资额快速增长,2018年投资存量达到107亿美元。在区域内部,我国主要以巴基斯坦为投资对象,连续多年成为巴基斯坦最大投资来源国和最大贸易合作伙伴。印度作为南亚最大的发展中国家,与我国贸易投资往来也极为密切。

中蒙俄是"一带一路"北线一大经济走廊,俄罗斯和蒙古国也是我国重要的投资对象。2012年我国对这两国的对外直接投资存量为78.43亿美元,经过多年的贸易往来投资额持续增加,到2019年时已经达到162.7亿美元,翻了一倍多。我国自1998年以来一直是蒙古国的最大投资国,在蒙古对外投资中占有重要地位,2013年中国企业到蒙古国建设投资的企业占所有蒙古国外资企业比重就已经达到50%左右。俄罗斯是能源出口大国,石油天然气储备丰富,我国近年来对俄罗斯的投资增速也在加快,对俄投资存量从2012年的48.8亿美元增长到2019年的128.04亿美元。

我国对中东欧地区国家开始直接投资的时间比较晚,加上欧洲国家内部以欧盟作为经济贸易区,2005年以前我国对中东欧地区的直接投资量十分有限。"一带一路"倡议实施以来,我国对中东欧直接投资的产业逐步扩展,区域内部以匈牙利和波兰为主要投资对象。

我国对拉美国家的援助始于 20 世纪 60 年代，2000 年以来，逐步形成了以国际援助和投资开发双重途径推动合作的开发模式。中国与拉美国家的经贸合作注重平等性、多元性和整体性，较为关切拉美国家社会经济基础设施的实际需求，援助和投资项目集中于基础设施、公共设施和生产性领域。[①] 2012 年，中国在拉美地区的投资存量为 682.1 亿美元，到 2020 年增加到近十倍的 6 298.1 亿美元。

21 世纪，中国对非洲的直接投资流量增长迅速，从 2003 年的 0.7 亿美元开始，到 2008 年达到 55 亿美元；中国对非洲直接投资存量在 16 年间（2003—2018 年）增长约 92 倍，从 5 亿美元增至 461 亿美元，中国已成为非洲的主要投资者和最大的贸易伙伴。

3. 投资行业分析

中国对外直接投资几乎涵盖了国民经济的所有行业大类。2020 年，中国对外直接投资流量排名前四的行业分别是租赁和商务服务业（占比 25.2%）、制造业（占比 16.8%）、批发和零售业（占比 15.0%）与金融业（占比 12.8%）。文化娱乐和体育业、建筑业、信息传输和软件、信息技术服务业等领域的投资增长

---

① 张原：《新世纪以来中国对拉美援助和投资的减贫效应研究》，载《太平洋学报》，2018 年第 12 期。

最快,同比增幅分别为 180.7％、114.2％、67.7％和 60.7％。

在"一带一路"沿线,我国在东南亚地区以电力、矿产资源开发为主,因其水电供应不足、能源资源储量丰富,而中国拥有较强的水电开发实力,不少中国企业正在柬埔寨、印度尼西亚等国投资水电项目。俄罗斯地广人稀,自然资源丰富,我国对俄罗斯投资主要流向制造业、农林牧渔业、租赁与商业服务业、采矿业和金融业等。蒙古国以矿产资源开发为主,因此我国对蒙投资也集中于此。我国对西亚地区的投资呈现出多元化趋势,由以油气及矿产资源开发领域为主逐渐向交通、通信等基础设施建设和加工贸易、商业服务等领域扩展。而在中亚地区,我国的直接投资主要侧重于矿产能源资源的开采及加工、初级工业农业产品制造、商品批发零售以及互联网信息金融服务等领域,其中矿产资源开采是主要的投资领域。我国对南亚地区投资主要分布在信息传输、软件和信息技术服务、制造业、建筑业等领域。此外,巴基斯坦存在电力短缺、交通运输建设相对落后等问题,基础设施建设投资存在巨大潜力。我国对中东欧国家投资领域主要集中在交通基础设施建设、通信技术建设与研发、技术投资和机械制造与加工等。

图 3-6(a)展示了从 2005 年至 2021 年 6 月中国与"一带一路"相关国家累计投资在各细分领域的情况,能源、矿产、交通是排名前 3 的投资领域,合计占比达 67％;图 3-6(b)展示的是

2005 年至 2021 年 6 月中国与"一带一路"相关国家开展工程建设
项目在各细分领域的情况，可以看到主要集中在能源和交通领
域，两项合计占比达 71％。

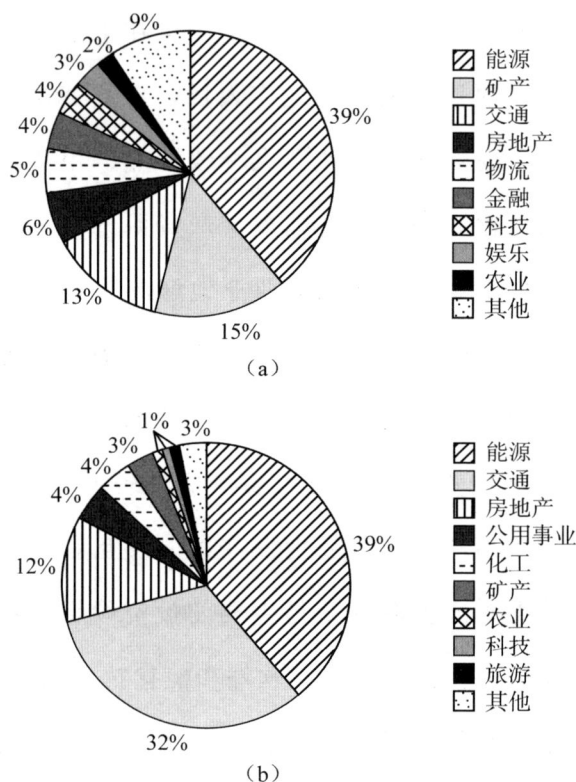

（a）

（b）

图 3-6 "一带一路"相关投资及工程项目占比

数据来源：中国全球投资追踪(China Global Investment Tracker，CGIT)数据库。

"一带一路"相关国家能源矿产储备丰富，但受到技术水平
和资本不足的限制而开发缓慢，中国利用产能和技术优势与相
关国家开展合作，实现互利共赢。其中化石能源领域的投资累
计占比 52％；水利投资占比 13％；太阳能、风能等可再生能源

方面的投资在稳步增加,近年来已经成为中国在境外能源投资的主力。出于促进经济发展的迫切需求,"一带一路"相关国家急需提升基础设施水平,以便为各种经济活动提供基础条件。铁路、公路等都是中国企业非常重视的投资领域,在这些方面中国也积累了丰富的建设经验,相关投资占比达80%。其次是航运投资,占比17%。随着经济实力的增长和产业转型速度的加快,沿线国家对交通基础设施的需求也会进一步增长,中国的大力投入必将促进"一带一路"相关地区基础设施发展,加速实现地区及全球互联互通。

(二)我国对外工程承包分析

1. 总体发展情况

无论是在技术还是在产能方面,中国基础设施建设能力已经处于世界领先水平,"一带一路"相关国家中很多落后地区的基础设施薄弱,严重拖累了当地经济发展。因此,利用中国的基建优势,在境外开展工程承包业务已经成为中国企业"走出去"参与高质量共建"一带一路"和国际经济合作的重要方式。

中国对外承包工程业务起步于20世纪70年代后期,是在一定历史条件下兴起的。后历经多个阶段,1979—1991年期间,为确保每家进入国际市场的中国企业都具备与其经营范围相适应的能力,维护中国公司的国际信誉,只有经过政府业务主管部门批准获得对外承包工程经营权的企业才能开展对外承包工程业务，共计91家被批准企业。1992—2003年，中国对外承包工程业务规模和国际影响力不断扩大。2003年，具有对外承包工程经营权的企业数量超过1 500家，但总体占全球份额依然较小。在此期间，中国对外承包工程呈现多元化特征，积极开拓全球各地区的市场，业务涉及国别（地区）拓展至159个，较1992年增加48个，特别是在开拓欧洲、北美发达国家市场方面取得积极进展，合同额分别占业务规模的10.3%和2%。同时，中国积极探索新的承包模式，如以BOT、BOOT等方式承接工程项目。2004—2017年，中国对外承包工程新签合同额成功实现两级跳，即4年跨上千亿美元台阶，再历经7年时间跃至2 000亿美元，年均增速高达20.4%。此阶段中国对外承包工程的特点：一是大项目持续增多，承包方式不断创新；二是八成业务集中在亚洲、非洲市场，半数聚焦"一带一路"沿线国家。2017年，中国企业在"一带一路"沿线的61个国家新签承包工程项目合同7 217份，合计金额1 443.2亿美元，占当年新签合同总额的54.4%，完成营业额855.3亿美元，为推进"一带一路"建设，促进基础设施建设和互联互通做出了重要贡献。2018年以来，随着共建"一带一路"向高质量发展方向不断推进，对外承包工程业务面临发展方式创新、业务转型升级等重大挑战。2019年，中国企业在177个国家和地区签订对外承包工程合同 11 932 份,合同额 2 602.5 亿美元,较上年增长 7.6%,完成营业额 1 729 亿美元,同比增长 2.3%。表 3-4 展示了 2004—2020 年中国对外承包工程新签合同额上亿美元项目情况。

表 3-4 2004—2020 年中国对外承包工程新签合同额上亿美元项目情况

年份	项目数量/个	单项合同最大金额/亿美元
2004	30	8.40
2005	49	9.00
2006	96	83.00
2007	138	35.40
2008	195	32.9
2009	240	75
2010	261	48
2011	266	45
2012	329	21.9
2013	392	28.3
2014	365	119.7
2015	434	45.3
2016	482	27
2017	436	109.8
2018	467	66.8
2019	506	134
2020	514	49.3

数据来源:商务部《2020 年中国对外承包工程统计公报》。

2. 地区分布

2020 年,中国对外承包工程业务的八成以上仍集中在亚洲和非洲地区。从新签合同额的洲别分布看,亚洲 1 429.7 亿美元，同比增长 1.3%，占当年新签合同总额的 56%；非洲 679 亿美元，占 26.6%；欧洲 208.9 亿美元，占 8.2%；拉丁美洲 148.4 亿美元，占 5.8%；大洋洲 78 亿美元，占 3%；北美洲 11.4 亿美元，占 0.4%。从完成营业额的洲别分布看，亚洲 891.4 亿美元，同比下降 9.2%，占当年完成营业额的 57.2%；非洲 383.3 亿美元，同比下降 16.7%，占 24.6%；欧洲 139.6 亿美元，同比增长 31.4%，占 8.9%；拉丁美洲 78.9 亿美元，同比下降 32.2%，占 5.1%；大洋洲 51.5 亿美元，同比下降 1.1%，占 3.3%；北美洲 14.7 亿美元，同比增长 15.4%，占 0.9%。对外承包工程完成营业额前十位的国家（地区）是阿拉伯联合酋长国、中国香港、巴基斯坦、印度尼西亚、马来西亚、沙特阿拉伯、孟加拉国、阿尔及利亚、俄罗斯、澳大利亚。2020 年，中国企业在"一带一路"沿线的 61 个国家新签对外承包工程项目合同 5 611 份，新签合同额 1 414.6 亿美元，占同期中国对外承包工程新签合同总额的 55.4%，同比下降 8.7%；完成营业额 911.2 亿美元，占同期总额的 58.4%，同比下降 7%。

3. 行业分布情况

经过多年积累，中国对外承包工程在交通运输、一般建筑、电力工程、石油化工、电子通信建设等多个领域保持优势。2020 年，按新签合同额计算，一般建筑行业的总金额达 640 亿美元，占比 25%；其次是交通运输建设，合同额 633.3 亿美元，占比 24.8%；排名第三的是电力工程建设，合同额 507.3 亿美元，占比 19.9%。排名前三的行业新签合同额占比达 69.7%。

图 3-7 列出了 2015 年至 2020 年中国对外工程承包企业在共建"一带一路"国家（截至 2020 年年末）分行业完成营业额情况。以 2020 年为例，占比最大的是交通运输建设行业，达到 25%；电力工程建设紧随其后，占比达 22%，这两项占比接近所有工程项目承包完成营业额的一半。一般建筑和石油化工建设占比分别为 18% 和 11%，通信工程建设占比为 8%。

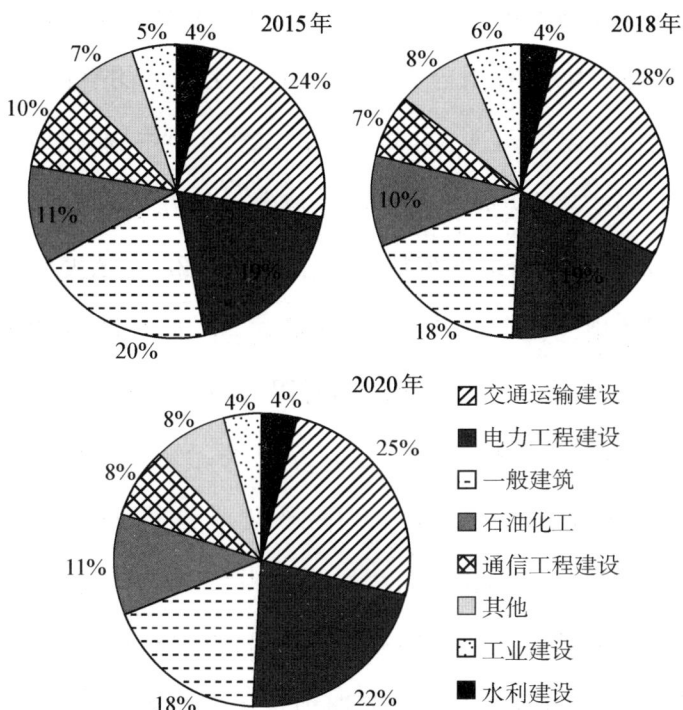

图 3-7　中国对外承包工程在共建"一带一路"国家分行业完成营业额/万美元

4. 中国对外承包工程企业情况

截至 2020 年，被商务部统计到的中国对外承包工程企业有 1 067 家，其中在京中央企业（包括在京下属企业）89 家，地方企业（包括在地方的中央企业）978 家。大型骨干企业在对外承包工程业务中作用突出。

图 3-8 列出了 2013—2020 年中国对外工程承包企业入选美国《工程新闻纪录》(ENR)"全球最大 250 家国际承包商"的数量，该榜单以企业年度国际业务营业额排名。可以发现，中国企业的业务和规模逐年扩大，2020 年已经有 74 家企业入选。其中，中国交通建设集团有限公司、中国电力建设集团有限公司、中国建筑股份有限公司进入 10 强榜单。2020 年中国对外承包工程营业额 1 559.5 亿美元，其中，完成营业额在 20 亿美元以上的企业有 12 家，分别是华为技术有限公司（122.5 亿美元）、中国建筑集团有限公司（107.6 亿美元）、中国中铁股份有限公司（71.1 亿美元）、中国铁建股份有限公司（63 亿美元）、中国水电建设集团国际工程有限公司（55.7 亿美元）、中国港湾工程有限责任公司（53.8 亿美元）、中国交通建设股份有限公司（49.5 亿美元）、中国化学工程股份有限公司（42.2 亿美元）、中国路桥工程有限责任公司（38.2 亿美元）、中国石油工程建设有限公司（22.3 亿美元）、中国葛洲坝集团股份有限公司（21 亿美元）、中国土木工程集团有限公司（20.6 亿美元）。

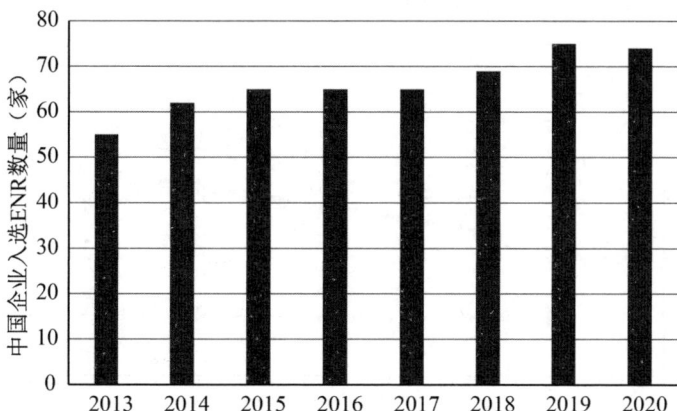

图 3-8 中国企业入选 ENR"全球最大 250 家国际承包商"的数量

三、全球基础设施发展需求及投资缺口

二十国集团（G20）旗下全球基础设施中心（Global Infrastructure Hub）在 2017 年发布的《全球基础设施展望》（*Global Infrastructure Outlook*）中具体计算和分析了全球基建投资趋势和潜在需求，以及相应的投资的缺口。该报告覆盖全球基建需求最大的 56 个国家和 7 大行业。如图 3-9 所示，报告估计从 2016 年到 2040 年，世界基础设施建设投资总需求约为 94 万亿美元，而按照基线情景下的投资趋势来算，能实现的总投资额只有 79 万亿美元，存在 15 万亿美元的投资缺口。另外还需要 3.5 万亿美元来实现联合国关于水电的可持续发展目标。下面

介绍按地区划分和按部门划分的全球基建投资需求特征。

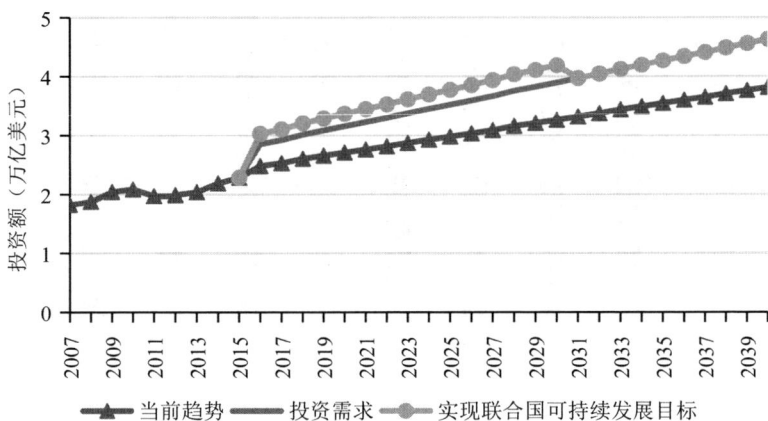

图3-9　全球基建投资需求与缺口

资料来源：G20基础设施中心：2017年《全球基础设施展望》。

(一)按区域划分

从占比看(见图3-10)，亚洲的基建投资需求超过全球总量的一半，美洲占22%，欧洲占17%。从需求和实际投资趋势看，美洲基建投资缺口最大为47%，后面依次为非洲(39%)、欧洲(16%)，大洋洲和亚洲各为10%。美洲缺口最大的是美国，占比一半以上。美国的大部分基础设施于20世纪60年代就已建成，目前大量设施老化严重。根据美国土木工程协会2021年基础设施报告，美国的基础设施整体评级为C—，其中，机场、水坝、公路和公共交通均处于极度不佳状态。

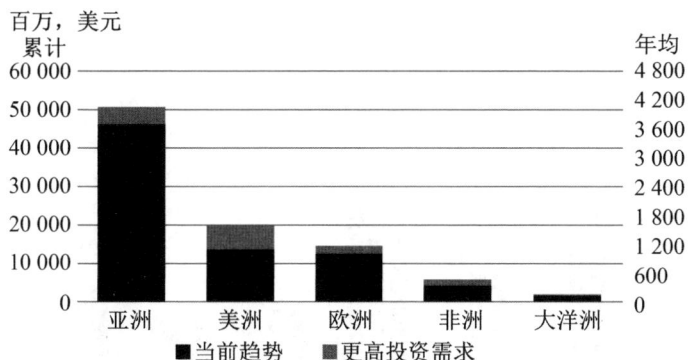

图 3-10 2016—2040 年全球基建投资需求与缺口

资料来源：G20 全球基础设施中心；2017 年《全球基础设施展望》。

在当前趋势下，亚洲的基础设施投资需求相当于其 GDP 的 4％，低于 2007—2015 年的 5％。这反映出，亚洲的经济体，尤其是中国，近年来在基础设施方面的投资非常强劲。因此，尽管亚洲基础设施投资需求占全球一半以上，但缺口只有 10％。这也表示，在未来的 20 年，为了满足基建投资需求，亚洲地区的国家不需要再特别加强基建投入，而其他地区则需要增加支出。比如，非洲的未来投资需求相当于 GDP 的 5.9％，高于 2007—2015 年的 4.3％。

按收入水平划分，欧美地区的基建投资需求占 GDP 比重相对较低，这可能反映出基础设施投资在发达经济体中所占的比重不大。相比之下，发展中经济体更迫切需要建设基础设施以驱动其更强劲的经济增长潜力。图 3-11 展示了不同收入地区的基建投资需求与缺口，可以发现高收入地区的基建投资需求不如中高及偏下收入地区的高，而中高收入地区的基建投资需求是最旺盛的。

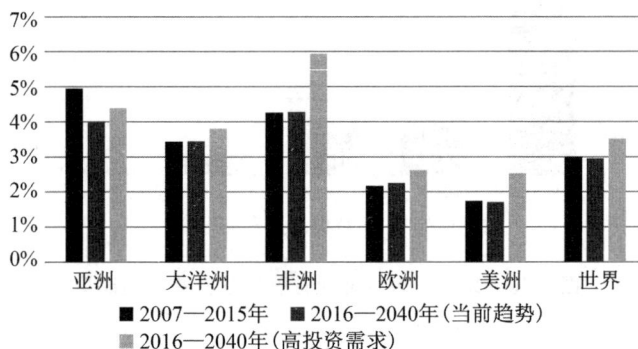

图 3-11 不同收入地区的基建投资需求占 GDP 比重

资料来源：G20 全球基础设施中心：2017 年《全球基础设施展望》。

如图 3-12 所示，从单个国家基建投资市场看，中国无疑是最耀眼的。从当前趋势看，其基建投资占据全球总量的三分之一，达到 26 万亿美元，加上美国、印度和日本，四国的基建投资需求占据了全球市场的半壁江山。

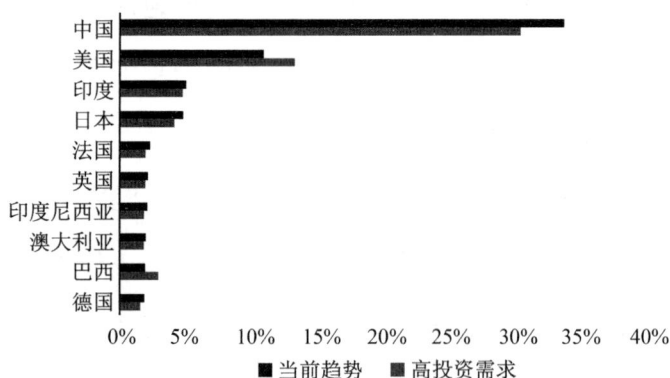

图 3-12 2016—2040 年基建投资前十大需求国家

资料来源：G20 全球基础设施中心：2017 年《全球基础设施展望》。

如果从未来需求看，中国的基建投资额将小幅增加到 28 万亿美元，而其他多数国家的增幅要更大，这使得在需求情景下，中国的占比虽有所下降，但仍占据绝对市场份额。

由于没有官方定义，美国也没有专门统计基础设施的部门，按照美国经济分析局（BEA）对于公共和私人投资数据的统计，可以将基础设施投资划分为国防性（defense）基建投资和非国防性（non-defense）基建投资。自 20 世纪 60 年代以来，美国的非国防政府投资（联邦、州和地方）基本上处于衰退边缘，从占 GDP 的 4％以上下降到 2019 年的约 2.7％。据估计，在目前的趋势情景下，到 2040 年，美国基础设施投资将占全球基础设施投资的 11％，相当于 8.5 万亿美元；而在更高的投资需求情景下，这一数字将增长 45％，达到 12.4 万亿美元，美国需要大幅增加其用于基础设施的资源，以满足其投资需求。

（二）按部门划分

2017 年《全球基础设施展望》覆盖了公路、铁路、机场、港口、电力、水利和通信共七个行业，如图 3-13、图 3-14 所示，其中，电力和公路的基建需求最大。在当前趋势情景下，电力和公路合计占全球基础设施投资的 65％，在更旺盛的投资需求情景下占 67％。公路和港口部门的投资缺口最大在 30％以上，机场的投资需求相对当前投资趋势，缺口达到 26％以上。为弥补缺口，全球这七大行业投资占 GDP 比重需要从目前的 3% 提高到 3.5%。其中，铁路投资需要在现有每年增长速度基础上提高 0.4%，通信和港口各提高 0.3%。为了实现联合国 2030 年可持续发展目标，至少还需要投资 3.5 万亿美元帮助贫困地区供水、供电和建设卫生设施。

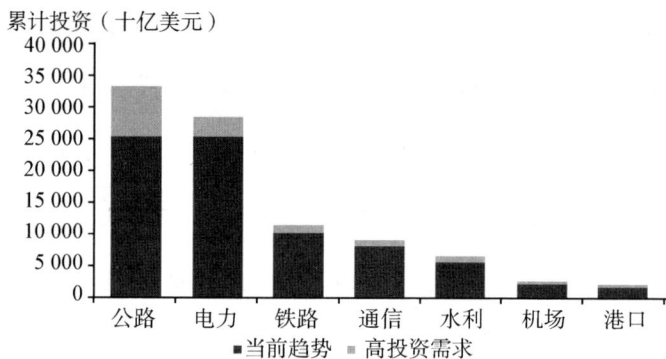

图 3-13　全球分部门基建投资趋势与需求额

资料来源：G20 全球基础设施中心：2017 年《全球基础设施展望》。

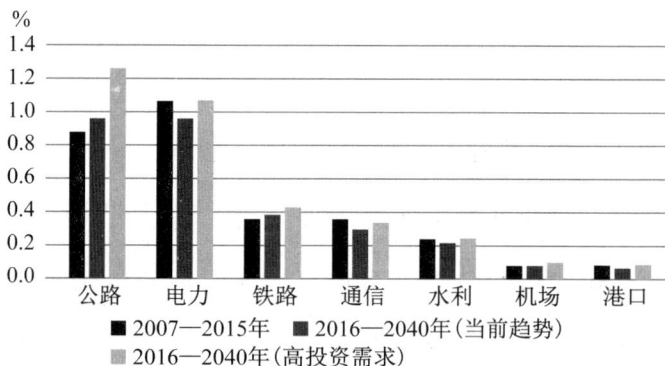

图 3-14　全球分部门基建投资需求与缺口（占 GDP 比重）

资料来源：G20 全球基础设施中心：2017 年《全球基础设施展望》。

第四章 | "一带一路"基础设施建设与相关国家经济增长的实证研究

基础设施是"一带一路"的重点建设领域，中国通过投资、援助等方式，帮助相关国家完善基础设施建设，实现全球互联互通，促进各国经济社会发展，助力推动构建人类命运共同体。关于"一带一路"倡议对相关国家社会经济发展的影响机制已经有丰富研究成果。学者发现，中国在相关地区的大规模基础设施投资促进了当地经济活动的多样性，并通过提高全要素生产率（TFP）和降低贸易成本，为其经济的可持续发展提供了良好的条件。

不过，过去研究多是针对基础设施的某

一方面，比如有学者关注到中国对电信基础设施的投资建设可以促进区域间国际服务贸易，由此带动的互联网经济发展也可以消除传统贸易壁垒的影响，此外还有针对道路交通和水利能源基础设施的研究。这是因为基础设施的范围较广，难以用统一的标准来衡量一国的基础设施发展水平。为解决此问题，本章第一部分将构建基础设施综合指数，用以综合评价和对比全球各国基础设施建设状况。该指标涵盖交通、能源、通信三大基建领域，相比于过去对某一基建领域的探索，可以更为全面地反映各国基础设施的建设水平和发展趋势。

第二部分构建计量模型检验"一带一路"倡议对相关国家经济发展的促进作用，并利用第一部分构建的基础设施综合指数，检验基础设施在"一带一路"倡议发挥政策效应中所起的中介作用。在研究范围方面，已有的"一带一路"研究主要集中在"一带一路"沿线的 65 个国家，而实际参与共建"一带一路"的国家和地区已经拓展到更广的范围。截至 2022 年 3 月，已经有 148 个国家或地区以及 32 个国际组织签署了 200 余份"一带一路"合作文件。本章的研究范围将在已有研究基础上扩展到所有共建国家。此外，考虑到参与共建"一带一路"国家的经济和社会发展阶段不同，本章还会就"一带一路"倡议施加影响的异质性进行检验。

一、基础设施综合指数构建及计算

为了对比各国基础设施建设水平，考虑到数据的代表性、可比性和易获得性，本章使用多维度的数据来构建基础设施综合指数。结合第三章中对共建"一带一路"国家基础设施建设状况的分析，基础设施综合指数的构成来源为三个领域。

第一是交通领域。一些研究采用铁路或公路里程来衡量交通设施水平，但不同地理特征的国家交通发展的重点存在差异。在内陆国家，铁路、公路是主要的交通建设方向，而对于东南亚和西亚一些国家，包括新加坡、阿联酋、卡塔尔等，海洋运输占的比重更大。因此本文选取世界银行 WDI 数据库发布的物流绩效指数（基于贸易和交通相关的基础设施质量），该指标覆盖了港口、铁路、公路等各类交通方式，更加全面。

第二是能源领域。从最终用能形式来看，电力能够更好地代表多数国家的能源基础设施水平，可比较性更强，这方面的代表指标选取了人均电力消耗量。

第三是通信领域。卡尔德隆（2015）①的研究中选取固定电

① Calderón C., Moral-Benito E., Servén L., "Is Infrastructure Capital Productive? A Dynamic Heterogeneous Approach", *Journal of Applied Econometrics*, 2015, 30, pp. 177-198.

话线路表示 2000 年年初以及之前的通信基础设施水平。随着互联网的发展和普及,宽带用户规模不断扩大,而且互联网使用与世界经济活动和生活水平关系更为贴近,因此选取每百人固定宽带用户数代表样本期内各国通信基础设施建设状况比较合适。

通过参考卡尔德隆用主成分分析法对各领域基建指标比重的估算,我们对包含共建"一带一路"国家或地区在内的全球基础设施建设状况进行了测度,估计了三个领域的实物基础设施在构成基础设施综合指数时所占的比重。

(一)数据收集及处理

上述指标中的物流绩效指数、每百人固定宽带用户数使用了世界银行 WDI 数据库的相关数据,该数据库提供 217 个国家 1960—2021 年的时间序列数据;人均电力消耗量指标由《BP 世界能源统计年鉴》和美国能源信息署(EIA)公布的数据整理而得,数据统计期间为 2006—2019 年。

考虑到数据的准确性和可比性,本章对缺失数据进行了如下处理:删除四个指标完全缺失的样本国家,删除数据缺失时间连续超过五年的国家。后文将利用填补完善的数据对全球样本及"一带一路"相关国家样本的基础设施状况进行综合比较和分析。

(二)基础设施综合指数计算

我们对 2006—2019 年基建投资数据进行主成分分析,衡量三个基础设施服务领域的基础设施总量综合指数,包括:第一,交通运输领域的物流绩效指数(基于贸易和交通相关基础设施质量);第二,能源领域的人均电力消耗量;第三,通信领域的每百人固定宽带订阅数量。对上述三个指标均进行了标准化处理。由此,2006—2019 年的基础设施综合指数的计算公式为:

$$INFCI_{it} = 0.282 \times TPI_{it} + 0.354 \times PW_{it} + 0.364 \times TCI_{it}。$$

$$(4-1)$$

式中,$INFCI_{it}$ 是基础设施综合指数,TPI_{it} 是物流绩效指数,PW_{it} 是人均电力消耗量,TCI_{it} 是每百人固定宽带使用数量,三个领域的基建指标均标准化到 0~100。

(三)全球及"一带一路"相关地区的基础设施综合水平

根据对全球基础设施综合指数的测算,本章选取了 2006 年、2010 年、2015 年、2019 年四个时间界面的数据做进一步比较分析,所选年份排名前 20 的国家列于表 4-1 中。总体上看,各国的基础设施建设在不断完善中,从 2006 年到 2019 年,基础设施综合指数在不断提高。排名前列的多是发达国家。以 2019 年前 10 名为例,除韩国、加拿大外,其他均是北欧、西欧国家。

表 4-1　全球基础设施综合指数(前 20)

排名	国家	2006 年	国家	2010 年	国家	2015 年	国家	2019 年
1	丹麦	18.9	丹麦	22.5	瑞士	26.4	瑞士	27.7
2	荷兰	18.7	荷兰	22.5	丹麦	25.0	法国	27.0
3	韩国	17.0	瑞士	22.1	法国	24.7	丹麦	26.0
4	瑞士	16.3	挪威	21.0	荷兰	24.6	荷兰	25.8
5	瑞典	16.3	韩国	20.6	挪威	23.5	韩国	25.3
6	芬兰	16.1	法国	20.1	韩国	23.3	挪威	24.9
7	挪威	15.9	卢森堡	19.7	德国	22.3	德国	24.9
8	加拿大	14.7	德国	19.2	英国	22.2	加拿大	24.2
9	比利时	13.7	瑞典	19.0	加拿大	21.6	瑞典	23.9
10	英国	12.7	加拿大	18.9	比利时	21.6	比利时	23.5
11	卢森堡	12.6	比利时	18.3	瑞典	21.3	英国	23.5
12	以色列	12.6	英国	17.9	卢森堡	20.4	希腊	23.2
13	法国	12.3	芬兰	17.3	希腊	19.1	葡萄牙	22.9
14	日本	12.3	美国	16.3	美国	19.0	卢森堡	22.1
15	美国	12.1	日本	15.8	芬兰	18.7	塞浦路斯	21.7
16	澳大利亚	11.3	新加坡	15.6	新西兰	18.6	捷克	20.7
17	德国	11.0	爱沙尼亚	15.5	塞浦路斯	18.1	美国	20.6
18	爱沙尼亚	10.8	新西兰	14.9	白俄罗斯	18.1	澳大利亚	20.5
19	新加坡	10.7	澳大利亚	14.8	日本	18.1	白俄罗斯	20.0
20	奥地利	10.3	奥地利	14.5	葡萄牙	17.9	日本	19.9

　　表 4-2 列出了中国与共建"一带一路"国家的基础设施综合指数(各年前 20),同样选取了 2006 年、2010 年、2015 年、2019 年四个时间界面的数据做比较分析。韩国作为参与共建"一带一路"中不多的发达国家之一,其基础设施建设水平一直

处于相关国家中的领头羊地位。排名前 20 的国家多位于欧洲地区。2015 年之前，中国的基础设施建设水平未进入前 20 榜单，但是在 2019 年已经位列第 10，考虑到中国幅员辽阔、拥有约 14 亿之多人口以及仍处于发展中国家行列的事实，如此成绩足以表明近年来中国在基础设施建设上的巨大进步。中国在基础设施建设中积累了充足的技术和发展经验，有能力为基础设施建设落后、基建设施需求旺盛的经济体提供帮助。

表 4-2 "一带一路"相关国家基础设施综合指数（前 20）

排名	国家	2006 年	国家	2010 年	国家	2015 年	国家	2019 年
1	韩国	17.0	韩国	20.6	韩国	23.3	韩国	25.3
2	卢森堡	12.6	卢森堡	19.7	卢森堡	20.4	希腊	23.2
3	爱沙尼亚	10.8	新加坡	15.6	希腊	19.1	葡萄牙	22.9
4	新加坡	10.7	爱沙尼亚	15.5	新西兰	18.6	卢森堡	22.1
5	奥地利	10.3	新西兰	14.9	塞浦路斯	18.1	塞浦路斯	21.7
6	意大利	8.7	奥地利	14.5	白俄罗斯	18.1	捷克	20.7
7	斯洛文尼亚	8.3	塞浦路斯	13.7	葡萄牙	17.9	白俄罗斯	20.0
8	葡萄牙	8.1	斯洛文尼亚	13.6	爱沙尼亚	17.6	匈牙利	19.5
9	匈牙利	7.1	意大利	13.2	立陶宛	16.8	爱沙尼亚	19.2
10	新西兰	6.8	匈牙利	12.9	奥地利	16.8	中国	18.6
11	立陶宛	6.6	立陶宛	12.9	捷克	16.5	阿拉伯联合酋长国	18.6
12	捷克	6.5	捷克	12.8	匈牙利	16.5	斯洛文尼亚	17.9

续表

排名	国家	2006 年	国家	2010 年	国家	2015 年	国家	2019 年
13	塞浦路斯	5.0	希腊	12.3	斯洛文尼亚	16.3	斯洛伐克	17.3
14	波兰	4.6	拉脱维亚	12.2	新加坡	15.9	乌拉圭	17.3
15	智利	3.8	葡萄牙	11.9	乌拉圭	15.6	意大利	17.1
16	克罗地亚	3.5	克罗地亚	11.5	拉脱维亚	14.9	保加利亚	17.0
17	斯洛伐克	3.4	斯洛伐克	9.7	意大利	14.6	立陶宛	17.0
18	罗马尼亚	3.1	波兰	9.1	斯洛伐克	13.9	黑山	16.8
19	保加利亚	3.1	保加利亚	9.0	克罗地亚	13.8	奥地利	16.7
20	拉脱维亚	3.0	罗马尼亚	8.7	保加利亚	13.3	克罗地亚	16.5

"一带一路"倡议对相关国家的基础设施建设起到了多少作用？基础设施的完善对东道国经济发展的影响如何？为回答此问题，后文将利用所构建的基础设施综合指数对"一带一路"倡议下基础设施发展对经济增长的影响进行实证检验分析。

二、实证模型构建及分析

"一带一路"基建的经济拉动效应，不能脱离"一带一路"倡议的大框架。因此，我们先利用双重差分模型对"一带一路"倡议的政策效应进行总体检验，然后利用中介效应模型检验基础设施建设在"一带一路"倡议下对东道国经济增长所发挥的作用。

(一)模型构建

1. 双重差分模型(Difference-in-difference，DID)

双重差分模型能够有效地评价一国参与"一带一路"合作建设后受"一带一路"倡议影响的政策效应。

双重差分模型需要检验以下三个条件。第一，各国受政策影响的时间是否随机？"一带一路"倡议是开放的，所有感兴趣的国家都可以加入倡议合作，无法提前预知某一国在何时、何种情况下以及会有多大程度的合作，因此可以认为该条件满足。第二，有意愿参与共建"一带一路"的国家是否在无预设条件下加入？中国的态度是一贯开放的，对所有国家都平等对待，所以可以认为该条件满足。第三，是否符合平行趋势假定？各国在"一带一路"倡议产生影响之前的发展趋势是相似的，后文将对此进行平行趋势假设检验。

另外，由于各国签署"一带一路"合作协议的时间不同，受到政策影响的时间段也不尽相同。因此，为消除签署合作协议的时点对模型估计结果的影响，也为更准确地反映政策效果，我们采用时变双重差分(Time-varying DID)模型进行实证分析。

我们以各国签署"一带一路"合作协议作为准自然实验，根据可获取数据的情况，选取 130 个共建"一带一路"国家作为处理组，以及 42 个非共建"一带一路"国家作为对照组，构建模型如下：

$$y_{it} = \alpha_0 + \beta_1 TC_{it} \times BRIC_{it} + \beta_2 Control_{it} + v_i + u_t + \varepsilon_{it} \text{。}(4\text{-}2)$$

式中，y 为被解释变量，表示经济发展趋势，我们用年人均 GDP 增速来衡量一国经济增长情况，该指标为正向指标；i 和 t 分别表示国家和时间；TC 为国家虚拟变量，用于区分处理组和控制组，当 i 为共建国家时，TC 的取值为 1，当 i 为非共建国家时，TC 的取值为 0；$BRIC$ 为签订"一带一路"合作协议的时间虚拟变量，一国在某年签订该协议后，该年份及其后年份取值为 1，该年份之前取值为 0；交互项 $TC \times BRIC$ 是我们考察"一带一路"倡议政策效果的核心解释变量，当其估计系数显著为正时，表明"一带一路"倡议能显著促进共建国家的经济发展；$Control$ 表示一系列控制变量；α 为截距项；v 表示国家固定效应；u 表示时间固定效应；ε 表示随机扰动项。

2. 中介效应模型

基础设施建设是"一带一路"倡议的优先建设领域，也是对"一带一路"相关国家经济发展产生影响的主要领域。为探究具体的作用机制，我们构建一个中介效应模型，来检验包括基础设施发展水平在内的多方面因素在"一带一路"倡议下对东道国社会经济发展的影响。

通过借鉴前人研究，我们认为"一带一路"倡议主要通过促进东道国产业升级、提升基建水平和加强科技创新能力三个渠道来带动当地经济发展。因此，在式 4-2 的基础上，我们进一步构造"一带一路"倡议的时间虚拟变量与国家虚拟变量的交互项对作用机制变量回归的方程，如式 4-3 所示，并构造在式 4-2 中加入作用机制变量的回归方程，如式 4-4 所示。

$$M_{it} = \phi_0 + \phi_1 TC_{it} \times BRIC_{it} + \phi_2 Control_{it} + v_i + u_t + \varepsilon_{it} \text{。} \quad (4\text{-}3)$$

$$y_{it} = \gamma_0 + \gamma_1 TC_{it} \times BRIC_{it} + \gamma_2 M_{it} + \beta_3 Control_{it} + v_i + u_t + \varepsilon_{it} \text{。}$$

$$(4\text{-}4)$$

式中，M 表示"一带一路"倡议影响共建国家经济发展的作用机制变量，包括第三产业占 GDP 比重（SER）、基础设施综合指数（$INFCI$）和创新能力（INV）。中介效应检验分为三步，第一步检验式 4-2 中的系数 β_1，即"一带一路"倡议影响共建国家经济发展的总效应，第二步检验式 4-3 中的系数 ϕ_1，即"一带一路"倡议对作用机制变量的影响，第三步检验式 4-4 中的系数 γ_1 和 γ_2。若 β_1、ϕ_1、γ_2 均显著，则中介效应显著。$\phi_1 \times \gamma_2$ 表示"一带一路"倡议通过作用机制影响共建国家经济发展的中介效应，中介效应占总效应的比重为：$(\phi_1 \times \gamma_2 / \beta_1) \times 100\%$。

3. 变量选择及说明

表 4-3 显示了所选变量的说明和基本描述。我们的原始数据样本覆盖了 217 个国家，样本时间跨度为 2006 年至 2019 年。其中包括 143 个共建"一带一路"国家和 74 个其他国家。由于部分数据不可用，本文最终选择了 176 个国家（130 个共建"一带一路"国家和 46 个其他国家）进行分析。

表 4-3 变量说明及描述统计

变量类型	符号	变量	衡量	来源
被解释变量	Growth	经济发展趋势	人均 GDP 增长率	世界银行 WDI 数据库
解释变量	BRIC	签署共建"一带一路"双边合作协议	虚拟变量	"一带一路"门户网站
	TC	政策时期	虚拟变量	"一带一路"门户网站
中介变量	INFCI	基建水平	基础设施综合指数 0~100	本文自建指标
	INV	创新能力	创新能力指数 0~100	WEF-The Global Competitiveness Report
控制变量	SER	产业升级	服务业增加值（% of GDP）	世界银行 WDI 数据库
	GDPP	收入水平	人均 GDP（2017 不变美元）	世界银行 WDI 数据库
	UR	城镇化率	城镇人口占总人口比重	世界银行 WDI 数据库
	TPOP	总人口	人口（百万人）	世界银行 WDI 数据库
	PSNV	政治稳定性	WGI 政治稳定性指标	世界银行 WGI 数据库
	GEF	政府效率	WGI 政府效率指标	世界银行 WGI 数据库
	RQ	制度质量	WGI 制度质量指标	世界银行 WGI 数据库
	ROL	法律规章建设	WGI 法律规章建设指标	世界银行 WGI 数据库
	COC	腐败控制	WGI 国家腐败控制指标	世界银行 WGI 数据库

被解释变量为人均 GDP 增速,表征一国经济发展趋势,数据来源于世界银行 WDI 数据库。$BRIC$ 和 TC 是两个解释变量,$BRIC$ 表示一国是否已签署共建"一带一路"合作文件;TC 表示签署合作文件的时点,与中国签署"一带一路"双边合作协议之年及之前的年份被视为政策前时段,之后的年份被视为政策后时段,数据来源于中国"一带一路"官方门户网站。这有别于以往研究将时间点固定在 2013 年(因为"一带一路"倡议于 2013 年提出)作为分界线,能够评估"一带一路"倡议对各国产生影响的动态效应。

中介变量为基础设施综合指数($INFCI$)、创新能力指数(INV)、服务业增加值占比(SER),用以评估基础设施水平、科技创新能力以及产业升级对东道国经济发展的影响。控制变量包括人均 GDP($GDPP$)、城镇化率(UR)、总人口($TPOP$),以及 5 个衡量一国政府治理情况的指标(来源于世界银行 WGI 数据库)。

(二)主要结果

1. 平行趋势假设检验

双重差分法估计结果无偏的一个前提条件是处理组和对照组之间满足平行趋势假设,即处理组和对照组在事件发生之前应有相同的变动趋势,否则双重差分法会高估或者低估事件发生的效果。为了验证平行趋势假设，我们借助事件研究法（Event Study）来考察。如果平行趋势假设成立，那么，"一带一路"倡议的实施对共建国家绿色可持续发展的影响只会发生在倡议实施之后，而在倡议实施之前，共建国家与非共建国家的变动趋势应该不存在显著差异。平行趋势假设的检验还可以在一定程度上排除 DID 回归中样本的自选择问题。为检验平行趋势假设，我们构建如下的回归模型：

$$Growth = \alpha_0 + \sum_{j=-6}^{4} \beta_j Initiative_{i,\ t+j} +$$

$$\sum \phi_k Control_{i,\ t} + v_i + u_t + \varepsilon_{i,\ t} \, 。 \tag{4-5}$$

式中，$Initiative_{i,t+j}$ 是一个虚拟变量，当在年份 $t+j$ 时某一国家参与共建"一带一路"，那么该变量取值为 1，否则取值为 0。因此，β_0 为倡议实施当期的效果，β_{-6} 到 β_{-1} 为倡议实施之前 1 到 6 期的效果，β_1 到 β_4 为倡议实施之后 1 到 4 期的效果。本文以倡议实施之前的第 6 期作为模型的基准组。如果 β_{-6} 到 β_{-1} 显著为 0 则说明平行趋势假说成立，而 β_0 到 β_4 为倡议实施随着时间的推移产生的动态效应。β_j 系数的大小及其 95% 的置信区间见图 4-1。

图中横坐标代表式 4-5 中 β_j 的下脚标。如图所示，"一带一路"倡议实施之前，处理组和对照组之间的变化趋势并没有显著的差异，表现为 β_{-6} 到 β_{-1} 的系数并没有呈现出一定的变化规律，更重要的是 β_{-6} 到 β_{-1} 的系数在统计上并不显著异于

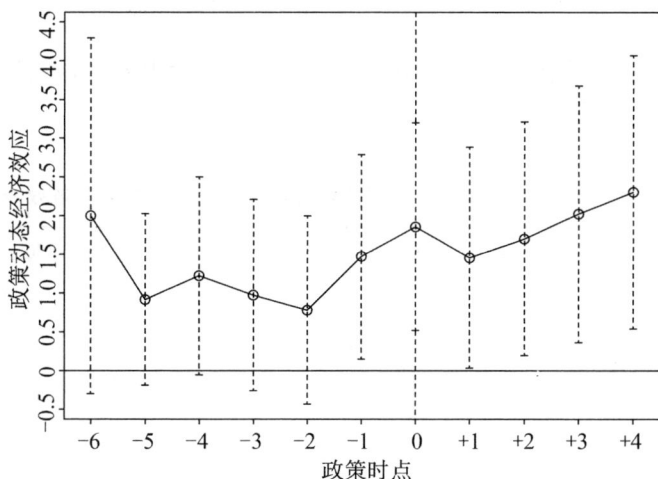

图 4-1　平行趋势检验结果

0(95％的置信区间包含了 0 值)。这说明平行趋势假说是成立的，即处理组和对照组在倡议实施之前是可比的。而共建国家参与倡议之后，β_0 到 β_4 的系数均为正值，且 β_0 到 β_2 的系数在统计上显著大于 0(95％的置信区间不包含 0 值)。这说明"一带一路"倡议的实施对共建国家经济发展有积极的影响。

2. 回归结果

从表 4-4 可以看出，在平均效应检验中，加入控制变量后，交互项的回归系数均在 10％的显著性水平下显著为正，说明"一带一路"倡议在总体上对共建国家经济发展产生了正向作用。这源于中国同相关共建国家具有巨大的经济互补性，在"一带一路"倡议合作平台下，双方通过加强双边贸易往来、产能合作以及基础设施建设合作，推动产品、技术、资金等要素跨境自由流动，从而产生溢出效应，对相关国家产业结构优化升级、基建竞争力和创新能力起到促进作用，促使共建国家降低对初级资源消耗的依赖。

表 4-4　"一带一路"倡议对共建国家经济发展的平均效应和动态效应检验

变量	平均效应		动态效应	
	(1)	(2)	(3)	(4)
$Treated * Year$	0.170 1 (0.77)	0.511 0* (1.94)		
$Treated * Year_{2014}$			0.444 7 (0.72)	0.767 9 (1.21)
$Treated * Year_{2015}$			−0.238 4 (−0.40)	0.036 1 (0.06)
$Treated * Year_{2016}$			0.419 6 (0.67)	0.701 6 (1.09)
$Treated * Year_{2017}$			0.764 6** (2.16)	0.893 5*** (2.72)
$Treated * Year_{2018}$			0.263 8 (0.94)	0.500 9* (1.73)
$LnPOP$		−10.402 3*** (−4.49)		−10.021 4*** (−4.42)
UR		0.288 2*** (3.03)		0.301 7*** (3.14)
$PSNV$		0.917 2 (1.60)		0.908 7 (1.59)
GEF		−1.078 9 (−1.29)		−1.082 7 (−1.28)

续表

变量	平均效应		动态效应	
	（1）	（2）	（3）	（4）
RQ		0.766 1		0.764 7
		(0.69)		(0.68)
ROL		−0.998 6		−0.983 4
		(−0.48)		(−0.48)
COC		1.086 5		1.140 1
		(1.55)		(1.62)
Constant	1.635 6***	149.743 6***	1.623 9***	142.979 3***
	(12.08)	(4.50)	(13.23)	(4.42)
Adjusted R^2	0.079 2	0.086 4	0.077 8	0.084 7
fixed effect	YES	YES	YES	YES
Observation	1 914	1 873	1 914	1 873

注：括号内为标准误；***、**和*分别代表在1％、5％和10％的显著性水平下显著。

在动态效应检验中，当加入控制变量后，模型整体的可调整拟合优度有所提升，我们以加入控制变量后的模型回归结果进行分析说明，从交互项的回归结果来看，"一带一路"倡议的动态效应存在一定的波动。尽管"一带一路"倡议在2013年提出，但相关国家参与"一带一路"建设的时间更晚一些，所以动态效应存在滞后现象，2017年政策效应的影响效果在1％水平上变得显著，系数达到最大，为0.893 5；而后政策效应开始减弱，2018年在10％水平上显著，系数降低到0.500 9。此外，从表中控制变量的回归结果来看，共建国家的城市化率提高有利于该国经济发展，而人口规模的增加对经济发展有一定的负面作用。

3. 稳健性检验

为确保上述实证结果可信，我们通过采用更换指标、双侧缩尾检验、PSM-DID检验和安慰剂检验等（Placebo Test）方法进行稳健性检验。

（1）更换指标

为了避免指标选择的随意性导致回归结果的偶然性，将共建国家的经济发展趋势指标——人均GDP增长率，更换为年均GDP增速。更换指标后的估计结果如表4-5的第（1）列所示，交互项的回归系数在0.563且在5%水平上显著，表明回归结果不受指标更换的影响，回归结果具有稳健性。

（2）双侧缩尾检验

考虑到176个样本国家的经济社会发展水平存在一定差异，该差异可能导致对"一带一路"倡议实施过度敏感或过度不敏感，进而导致前文检验结果出现偏误。因此，我们对共建国家的经济发展趋势正向指标进行10分位数和90分位数的双侧缩尾处理，并对处理后的样本数据进行DID估计，估计结果如表4-5的第（2）列所示，交互项的回归系数为0.5805且显著，也印证了前文相关检验结果的稳健性。

（3）PSM-DID检验

由于处理组和对照组不是随机划分的，它们有不同的地理、经济、政治和环境属性，这可能导致使用 DID 估计器的选择偏差。这种偏差会导致内生性问题，因为解释变量可能与残差项相关。为了减轻潜在的偏差，我们采用罗森鲍姆和鲁宾(1983)[1]提出的倾向评分匹配(PSM)方法，将处理组与对照组进行配对，以减小由于样本个体差异产生的样本选择偏误。我们选取人口规模、人均收入、城市化率以及 5 个政府治理相关指标，采用倾向得分匹配法(PSM)构建同质性较强的处理组和控制组以解决样本选择偏差问题[2]，并采取 PSM 与 DID 相结合的方法，对"一带一路"倡议影响共建国家经济发展的政策效应进行稳健性检验。采用 PSM 结合 DID 方法估计结果如表 4-5 的第(3)列所示，交互项的回归系数为 0.498 5 且在 1% 水平显著，与上述回归结果一致，可见研究结论依旧具有稳健性。

表 4-5　稳健性检验结果

变量	更换指标 (1)	双侧缩尾检验 (2)	PSM＋DID (3)
*Treated * Year*	0.563 0[**] (2.09)	0.580 5[**] (2.55)	0.498 5[*] (1.88)

---

① Rosenbaum, Paul R., Donald B. Rubin., "The Central Role of the Propensity Score in Observational Studies for Causal Effects", *Biometrika*, 70.1 (1983), pp. 41-55.

② Heckman, James J., Hidehiko Ichimura and Petra E. Todd., "Matching as an Econometric Evaluation Estimator: Evidence from Evaluating a Job Training Programme", *The Review of Economic Studies*, 1997(64), pp. 605-654.

续表

变量	更换指标 （1）	双侧缩尾检验 （2）	PSM＋DID （3）
Constant	198.696 3*** (6.11)	148.555 8*** (4.52)	150.207 5*** (4.51)
Control variable	YES	YES	YES
Adjusted R^2	0.115 6	0.207 7	0.086 8
fixed effect	YES	YES	YES
Observation	1 892	1 873	1 871

注：括号内为标准误；*、** 和 *** 分别表示在 10％，5％和 1％的显著性水平下显著。

（4）安慰剂检验

安慰剂检验的核心思想就是虚构处理组或者虚构政策时间进行估计，如果虚构情况下"伪政策虚拟变量"的系数依然显著，就说明原来的估计结果很有可能出现了偏误，我们的被解释变量的变动很有可能是受到了其他政策或者随机性因素的影响。我们的具体做法如下：随机从 176 个国家中抽取 130 个国家，并为这 130 个国家的每一个从 2006—2019 年中随机设定其中一年作为倡议实施年份，重复 500 次回归，看看"伪政策虚拟变量"的系数是否显著。500 次的回归结果的系数和 p 值分布如图 4-2 所示。

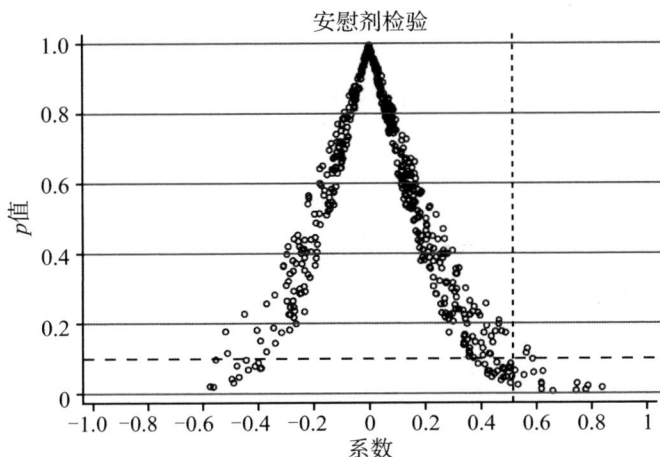

图 4-2 安慰剂检验结果

上图 X 轴表示"伪政策虚拟变量"估计系数的大小，Y 轴表示 p 值大小，垂直虚线是 DID 模型真实估计值 0.511，水平虚线是显著性水平 0.1。从图中可以看出，估计系数大都集中在零点附近，大多数估计值的 p 值都大于 0.1（在 10％的水平上不显著）。这表明我们的估计结果不太可能是偶然得到的，即不太可能受到其他政策或者随机性因素的影响。

(三)机制分析

"一带一路"倡议的一个重要着力点是通过基础设施建设带动沿线各国共同繁荣发展。那么，一个核心问题便是："一带一路"倡议是否提高了相关国家的基础设施建设水平，并经此拉动了东道国的经济增长？为验证该假设，通过所构建的中介效应模型，我们估计了基础设施水平等三个因素在"一带一路"倡议实施过程中对各相关国经济发展的影响。

表 4-6 "一带一路"倡议对经济增长作用机制的中介效应检验

变量	产业升级		基建竞争力		创新能力	
	(1) Mediating	(2) Growth	(3) Mediating	(4) Growth	(5) Mediating	(6) Growth
Treated * Year	0.396 7* (1.77)	0.817 2*** (3.89)	1.735 4*** (13.02)	0.076 5* (1.70)	0.606 1* (1.72)	0.386 5* (1.65)
Mediating		0.204 2*** (6.18)		0.336 6*** (5.21)		0.111 1*** (3.73)
Constant	−139.070*** (−5.11)	91.529*** (3.51)	38.438*** (2.66)	137.721*** (3.77)	−16.855 (−0.36)	142.751 (3.71)
Adjusted R²	0.933 0	0.251 6	0.952 3	0.088 4	0.934 2	0.112 9
中介效应	0.081 0		0.584 1		0.067 3	
中介效应占总效应的比重	9.02%		88.42%		14.83%	
固定效应	控制	控制	控制	控制	控制	控制
观测值	1 852	1 845	1 607	1 607	1 446	1 445

注：括号内为标准误；*、**和***分别表示在10%、5%和1%的显著性水平下显著。

从表 4-6 中的第（1）和第（2）列可以看出，交互项对产业升级渠道的回归系数为 0.396 7 且显著，当被解释变量为人均 GDP 增速时，交互项和贸易往来渠道变量的回归系数分别为 0.817 2 和 0.204 2 且显著，结合式 4-2 的回归结果可知产业升级渠道的中介效应显著。其中"一带一路"倡议通过产业升级渠道促进共建国家经济发展的中介效应为 0.081，占总效应的比重为 9.02%。从表中的第（3）、（4）列可知，"一带一路"倡议通过提升基础设施建设促进共建国家经济发展的中介效应为 0.584 1，占总效应的比重为 88.42%。表中的第（5）、（6）列显示提升创新能力渠道的中介效应同样显著，中介效应为 0.067 3，占总效应的比重为 14.83%。

由此可见，基础设施水平的提升在"一带一路"倡议影响经济发展中的中介效应远大于另外两种渠道。这也印证了我们开始的假设，基础设施作为"一带一路"倡议的优先重点合作领域，在促进东道国经济增长中发挥了巨大作用。

(四)异质性分析

由于研究样本中包含 130 个参与共建"一带一路"的国家，覆盖范围广，国家分布于世界各大洲，经济发展阶段存在较大差异，各国在参与"一带一路"建设中的定位也不同，这可能导致"一带一路"倡议对不同类型地区的作用存在差异。为验证此猜想，将样本国家分别按收入水平和是否属于"一带一路"沿线国家进行分类（见表 4-7），以测试政策效应的异质性特征。如表所示，低收入和中低收入国家共 61 个，高收入和中高收入国家共 69 个；属于"一带一路"沿线国家的有 56 个，其他国家 74 个。

表 4-7　按收入水平和地理划分的国家分布情况

分类	分类标准	共建"一带一路"国家分布
按收入水平分类	低收入和中低收入国家	61
	高收入和中高收入国家	69
按是否为"一带一路"沿线国家分类	沿线国家	56
	非沿线国家	74

表 4-8 显示了异质性检验结果。"一带一路"倡议对低收入和中低收入国家的影响以及对高收入和中高收入国家的影响均在 10% 水平上显著，不过前者的交叉项系数为 0.219 7，后者为 0.671 4，意味着"一带一路"倡议对收入较高的国家经济发展的促进作用可能更大一些。这表明在有较好的产业经济基础时，"一带一路"倡议通过基础设施合作、贸易往来等方式，更容易对东道国的经济发展起到推动效果。而对于经济基础较差的国家，基础设施建设和各类投资的回报周期较长，也使得"一带一路"倡议所产生的经济促进作用可能需要更长的时间才能显现。

如表 4-8 所示，"一带一路"倡议对于沿线国家经济促进的作用更为显著，这是因为沿线国家在该倡议提出之际甚至之前就已经成为中国企业的重点投资地，这些国家在享受"一带一路"相关优惠政策方面有更多的优势；而其他共建国家签署"一带一路"合作协议较晚，不少国家在 2018 年、2019 年才签署相关文件，这使得"一带一路"倡议的政策效应尚未能发挥出来。随着时间的推移，"一带一路"倡议的政策效应将经历更多检验。

表 4-8 "一带一路"倡议对不同类别相关国家经济发展的影响差异

变量	低收入和中低收入国家	高收入和中高收入国家	"一带一路"沿线国家	非"一带一路"沿线国家
Treated * Year	0.219 7 (0.60)	0.671 4* (1.82)	0.535 8* (1.69)	0.016 0 (0.04)
Constant	185.138 7*** (3.86)	109.715 0*** (2.25)	148.891 3 (4.66)	165.642 1*** (4.39)
Control variable	Yes	Yes	Yes	Yes
Adjusted R^2	0.211 7	0.033 5	0.085 0	0.014 0
fixed effect	Yes	Yes	Yes	Yes
Observation	776	1 097	1 873	1 214

注：括号内为标准误；*、**和***分别表示在 10%、5%和 1%的显著性水平下显著。

三、结论

本章第一部分首先构建了一个用于评价各国基础设施发展水平的指标，即基础设施综合指数。该指数包含了交通、能源和通信三个最主要的基建领域，分别选取物流绩效指数、人均电力消耗量、每百人固定宽带用户数来衡量各领域的基础设施建设状况。近年来，中国的基础设施建设取得了巨大进步，2019年中国基础设施综合指数在共建"一带一路"国家中排名第10，排在前列的是韩国、希腊和葡萄牙等国家。可以说，中国的基础设施建设水平在发展中国家处于领头羊位置，不过考虑到中国庞大的经济体量和人口规模，未来的基础设施发展需求仍然巨大。基础设施综合指数一方面使得全球各国基础设施发展水平得以在同一参考系下进行比较，另一方面也为研究基础设施在"一带一路"倡议中的政策效应提供了可靠变量。

本章第二部分基于130个共建"一带一路"国家和46个非共建国2006—2019年的面板数据，采用双重差分DID方法检验"一带一路"倡议对共建国家经济发展影响的平均效应和动态效应，通过多重稳健性检验确保了实证结果的有效性，并对基础设施建设的中介效应进行测试，厘清了"一带一路"倡议促进相关国家经济发展的作用机制。主要研究结论有四点：第一，"一带一路"倡议对促进相关共建国家的经济发展具有显著的正面作用。第二，"一带一路"倡议在推动共建国家经济发展中存在滞后特征，政策效应在2017年达到最大值且显著，之后趋于减弱。第三，"一带一路"倡议对不同收入水平和不同地理位置的国家的经济促进作用存在异质性。"一带一路"倡议对于各类经济发展水平的国家均存在经济促进效应，但对有一定经济和产业基础的中高收入和高收入国家经济增长的促进作用更明显；"一带一路"倡议对沿线国家的政策效应相比后期签署合作协议的国家更为显著。第四，在"一带一路"倡议下，可通过促进共建国家产业升级、提升基础设施建设竞争力、提升共建国家创新能力来推动一国经济发展，其中，基础设施水平的提升所产生的中介作用占比达 88.42%。

第五章 | "一带一路"基础设施建设典型案例分析及启示

"一带一路"倡议提出以来，基础设施互联互通水平显著提升，基础设施建设拉动了相关地区经济发展，在全球范围内产生了积极影响，也极大提升了中国在全球治理中的地位。铁路合作项目取得重大进展，亚吉铁路、蒙内铁路、拉伊铁路、中老铁路、中俄同江铁路大桥建成通车，中泰铁路、匈塞铁路、雅万高铁等项目扎实推进；比雷埃夫斯港成功转型，已成为地中海第一大港；中欧班列到 2022 年 7 月底已累计开行 5.7 万列，打通 82 条运行线路，通达欧洲 24 个国家的 196 个城市；我国与周边国家公路联通性不断加强，昆曼公路、昆明—河内—海防高速公路、中巴经济走廊两大公路全线通车，中俄黑河公路大桥完工，"双西公路"（中国西部—欧洲西部）建设稳步推进。总体上，"六廊六路多国多港"合作主骨架日益丰满充实。

本章选取了亚吉铁路、希腊比雷埃夫斯港口和中老铁路项目作为典型案例进行分析。这几项工程都属于"一带一路"旗舰项目，在国内外具有广泛影响力，中企在其中采取的有益于当地社会经济发展的种种措施也得到了当地政府和居民的认可，其建设运营过程中出现的问题和挑战将为后续"一带一路"基础设施建设带来宝贵经验。

一、案例一：亚吉铁路

中国是埃塞俄比亚最大的海外投资资金来源国。2006—2015年，中国在公路、铁路、工业园区等众多领域提供了超过130亿美元的投资。

（一）项目概况

亚吉铁路即埃塞俄比亚—吉布提标准轨距铁路，是横跨埃塞俄比亚和吉布提两国的国际铁路，西起埃塞俄比亚的首都亚的斯亚贝巴，东至吉布提的吉布提港。该铁路为埃塞俄比亚的出海通道，也是吉布提港连通东非腹地的主要通道。

该线路上原有20世纪初建成的米轨铁路，其运力至21世纪初已只剩每年15万吨，远远无法满足每年300万吨的运输需求。2006年至2008年，埃塞俄比亚政府曾考虑与欧盟、科威特合作修复、运营该铁路，但进展不大。2010年，埃塞俄比亚在其五年"增长和转型计划"（GTP）中提出加强基础设施建设，在铁路方面不仅要建设覆盖全国的铁路网络，还要发展自身的施工、生产及管理能力，为此必须加强国际合作。2011年5月，时任埃塞俄比亚总理梅莱斯表示计划的重点是发展制造业与基础设施建设，中国公司在基础设施建设领域发挥着重要作用。除中国外，埃塞俄比亚还积极与巴西、俄罗斯及印度等国商谈铁路建设合作。埃塞俄比亚的铁路建设计划不仅包括修复原有的埃塞俄比亚—吉布提通道，也有意开辟新的出海口，融入东非一体化进程，埃塞俄比亚政府始终支持肯尼亚拉姆港—南苏丹—埃塞俄比亚交通走廊项目的推进。早在2001年，埃塞俄比亚政府就曾邀请中国土木工程集团有限公司（以下简称"中土集团"）前往考察并签订了铁路合作协议。2009年，中国中铁二院开始对亚吉铁路进行现场勘察。2011年年末至2012年年初，埃塞俄比亚与吉布提政府分别与中土集团签订了设计采购施工总承包（EPC）合同。

亚吉铁路的总投资为 40 亿美元，中国进出口银行为项目提供了 29 亿美元的贷款，覆盖了埃塞俄比亚段 70％与吉布提段 85％的投资；中土集团还以股权投资方式承担了吉布提段 10％的投资。亚吉铁路贷款以市场利率提供，并向中国出口信用保险公司投保信用保证保险。贷款虽由埃塞俄比亚及吉布提政府以主权担保还款，但中方通过自身保险机构承担了部分还款风险。2013 年 5 月，埃塞俄比亚—吉布提铁路贷款协议签订。2014 年 5 月，亚吉铁路开始铺轨。2015 年 6 月，铁轨全线铺通。2016 年 10 月，铁路正式通车，并于 2018 年 1 月投入商业运营。该铁路全长 751.7 千米，西段为中国中铁二局集团有限公司（以下简称"中铁二局"）承建，东段为中土集团承建。该铁路为中国标准的二级电气化铁路，设计时速为 120 千米/时。埃塞俄比亚和吉布提均为非洲东部国家，亚吉铁路虽横跨两国，但主要分布在埃塞俄比亚，分布里程约为 670 千米，占比为 88.2％，吉布提的铁路里程较少，占比 12.8％。亚吉铁路的客运设计时速为 120 千米/时，货运为 80 千米/时。亚吉铁路开通之前，货物从吉布提港到亚的斯亚贝巴的公路运输时间为 7 天，亚吉铁路开通后压减至 10 小时，极大地提高了运输效率。①

对埃塞俄比亚和吉布提而言，亚吉铁路是一项跨越式的技

---

① 王成金、谢永顺、陈沛然等：《铁路技术跨越式转移的制度—经济—文化适应性——基于亚吉铁路的实证分析》，载《地理学报》，2020 年第 6 期。

术转移，其设计和承建、运营均由中国企业来承担，承担方为中土集团和中铁二局。亚吉铁路的轨距、机车、通信、材料、路基等均采用中国技术标准，是中国企业在海外首次采用全套中国标准和中国装备建造的铁路。

亚吉铁路项目的实施，创造了"全产业链一体化发展"和"一条铁路带动一条经济带发展的铁路沿线综合开发"的亚吉模式。铁路产业链涵盖了投融资、设计、施工设备采购、施工、监理、运营管理等环节，而亚吉铁路就是覆盖全产业链各个环节的一个范例。因此，亚吉铁路也成为我国海外首个集设计标准、投融资、装备材料、施工、监理和运营管理为一体的全产业链"中国化"的铁路项目。

(二)项目促进当地经济社会发展

从发展阶段来看，埃塞俄比亚处于以农牧业经济发展为主的阶段，吉布提的经济则以服务业发展为主。在制度系统上，埃塞俄比亚为联邦制国家，2000年以来实行以民族区域自治为基础的联邦体，由多数党或政治联盟联合组阁。民族部落众多，各民族有相对稳定的居住区域，享有民族自决权，形成了2个自治行政区和9个民族州，但民族关系复杂，地区性冲突和暴力频繁发生。地方政府的权力较大，许多行业尚未具备完善的法律法规，进出口贸易实行垄断。吉布提有9个政党，实施总统制。在经济系统上，埃塞俄比亚和吉布提均位于最不发达国家之列，产业以农牧业为主。尤其是前者为典型的农牧业国家，农业产值占 GDP 总量的 50%，适牧地超过国土面积的50%，牧业产值占 GDP 总量的 20%，牲畜存栏总数居非洲之首、世界第 10，农牧业人口占国家总人口的 85% 以上。吉布提服务业处于畸形发展阶段，经济以寄生于国外驻军港口的服务业为基础，耕地极少，牧民约 10 万，占吉布提总人口的10.6%，交通运输、商业和服务业（主要是港口服务业）占 GDP的 80%，工业基础极为薄弱。在文化系统上，农牧业和部族体制决定了埃塞俄比亚和吉布提有着浓厚的游牧文化，铁路设施和铁路运输活动的长期缺失导致其铁路职业文化缺失。

亚吉铁路在项目建设中雇用了约 4.8 万名当地员工，带动了本地就业。其中不仅有普通劳务人员，还有人力资源主管、法律顾问等高级员工，各类专业人才达 1.5 万人，为当地培养了一大批技术及管理人才，支撑未来的发展和建设。2019 年，运营人员中有 1 000 多名当地员工，预计未来将达到 3 000 名。中方不仅在铁路建设和运营中大量使用当地员工，还积极帮助当地培养铁路人才，真正实现技术转移与员工本地化。中方为当地员工提供了覆盖技术与管理的系统培训，支持当地员工在中方运营 6 年后接管铁路。此外，中方还努力带动当地的供应商及分包商。在亚吉铁路建设中，部分曾在中国企业工作的埃塞俄比亚员工利用铁路建设机会尝试创业，自行购买工程设备、招募施工人员，成为铁路项目的分包商。

亚吉铁路于 2016 年 10 月建成通车，2018 年 1 月正式投入商业运营，至 2018 年年末共运输旅客超过 13 万人次，推动了本地工业化进程，并完成了运输救灾物资、埃塞俄比亚撤离吉布提侨民等特殊任务。中国与吉布提于 2017 年 5 月合作建成了作为亚吉铁路终点与出海口的多哈雷多功能港，其设计运量达每年 700 万吨，进一步促进铁路运能的发挥。未来，亚吉铁路与蒙内铁路有望通过涵盖肯尼亚拉姆港、南苏丹和埃塞俄比亚的交通走廊连接，成为东非地区铁路网的主干。承建亚吉铁路的中国铁建则以铁路为依托积极参与沿线房地产开发、矿产投资、自贸区及工业园区建设、物流贸易等，全方位融入非洲各领域开发建设。此种经营方式也被总结为亚吉模式。该铁路项目还带动了中国企业对沿线工业园区的投资开发。目前，埃塞俄比亚共规划了 14 个工业园区，大部分位于亚吉铁路沿线，承建亚吉铁路的中土集团承建了其中 4 个园区，合同总额达 8.24 亿美元。此外，中土集团还自行投资了德雷达瓦工业园，中交产业投资控股有限公司投资了阿热提建材工业园区。除中国企业外，中国地方政府也积极参与埃塞俄比亚的工业园建设，湖南省推动建设了埃塞俄比亚-湖南工业园；江苏昆山与中土集团、埃塞俄比亚共同合作开发德雷达瓦工业园，通过联合运营与埃塞俄比亚分享中国园区开发经验。这些项目合作都大力推动了埃塞俄比亚工业化进程及产业发展，为当地创造了大量就业机会，促进了经济发展。

(三)项目面临的问题与挑战

目前，中资企业在埃塞俄比亚投资、承建、运营项目面临的主要风险包括民族宗教文化风险、社会治安风险、局部政治稳定性风险、罢工与劳工骚乱风险、局部武装冲突风险、国际关系风险等。埃塞俄比亚总体治安状况较好，无专门针对中国公民的恶性犯罪案件，但抢劫、偷盗、诈骗等犯罪时有发生。

亚吉铁路自投建以来，就一直面临缺电和地方抗议干扰运营的困扰，而且没有完善的配套设施和完整的网络，距离取得预期的经济效益还有较长的路要走。

首先，电力短缺已成为常态，铁路设施设备维修困难阻碍了铁路的运行效率。亚吉铁路是一条中国二级铁路标准的电气化铁路，运行需要大量电力，而当地供电能力不足的现状严重影响铁路的正常运营。2019年2月19日，埃塞俄比亚电力公司(EEP)与中企签署复兴大坝水电站9#、10#机组发电金属结构工程的EPC合同，价值4 000万美元。此外，EEP还与中企签署价值1.13亿美元的合同，其中包括完成复兴大坝电站和溢洪道建设所需的电气、机械和各类土木及结构工程。复兴大坝的修建意义重大，投运后可为电气化铁路供电提供保障。

其次，融资制约了铁路的运营和维护。根据技术服务合同，铁路的车辆运营、维修设施和设备将需要由铁路所有者埃塞俄比亚—吉布提标准轨距铁路公司提供资金。由于缺乏外汇，铁路公司无法购买和修理机车，中国企业不得不提前支付备件费用。铁路建设总投资约40亿美元，其中约80%由中国进出口银行提供商业贷款。由于外汇短缺，埃塞俄比亚政府未能及时向中国支付贷款。另外，客货不足也使得铁路运力没有得到充分利用，影响收益。地区冲突不断，同时干扰亚吉铁路正常运营，可能导致其政府收入难以偿还相关债务。①

再次，种族冲突已成为铁路运营的重大障碍。埃塞俄比亚约有80个民族，主要的民族是奥罗莫族和阿姆哈拉族，他们正在争夺影响力。政治动荡导致铁路成为种族竞争的影响对象和替罪羊。埃塞俄比亚的政治制度也加剧了这些问题。埃塞俄比亚有一个联邦政府系统，每个州都有其地区利益，铁路使这些地区的紧张局势复杂化，并成为民族冲突的靶子。2021年7月，由于埃塞俄比亚索马里地区爆发动乱冲突，300多人死亡，当地抗议者封锁了亚吉铁路。类似的事件时有发生，给亚吉铁路的正常运营带来了很大挑战。

---

① Weng L., Xue L., Sayer J., et al., "Challenges Faced by Chinese Firms Implementing the 'Belt and Road Initiative': Evidence from Three Railway Projects", *Research in Globalization*, 2021, 3.

最后，政治稳定性是埃塞俄比亚经济发展的决定因素。根据世界银行发布的全球治理指数，埃塞俄比亚的政治稳定性评分较差，常年排在所统计214国中的倒数第15左右。不同民族之间的政治分权、利益分配，都是造成亚吉铁路"两难"的根本原因。铁路曾是梅莱斯政府支持的重大项目，但2018年阿比上台后，提出改变长期以来投资大型基础设施建设以促进经济增长的政策。亚吉铁路等旗舰项目被政治化，并被埃塞俄比亚内部精英作为讨价还价的筹码。

(四)项目意义及启示

亚吉模式属于投建营一体化模式，以铁路项目为龙头，沿线多项目相互交织，同时兼顾经济、社会、环境等多重因素，着力点是可持续发展，契合中国"真实亲诚"的对非合作理念，为实现优势互补、合作共赢、共同发展开启了新思路，带来了新机遇，符合中非双方的共同期待。

第一，秉持共商、共建、共享原则。非洲是"一带一路"重要支点，非洲国家希望通过加快推进工业化和现代化进程，谋求自主可持续发展，努力实现"非洲发展新伙伴计划"和非盟《2063年议程》绘制的非洲梦。因此，像亚吉模式一样，突出务实合作，深化互利共赢，一步一个脚印，把中国发展同相关国家发展紧密结合，把各自发展战略和合作规划有机对接，是助力非洲可持续发展的基础。

第二，对接需求，扩大合作。近年来，非洲国家通过加大基础设施投入带动了经济增长，如果消费和出口没有同步跟上，仍难以实现真正意义上的可持续发展。以亚吉铁路的投建营一体化为例，要抓住互联互通这个关键环节，跳出运营来抓运营，统筹基础设施建设与产业发展布局，由运营一条铁路拓展到运营一条经济带，推进非洲国家的工业化进程，提升其自主可持续发展能力。

第三，推进属地化管理与能力建设。一方面，当地的政府、社区、合作伙伴高度关注属地化管理，尤其是技术转让、人才培养和带动当地就业等涉及能力建设的领域，对中国企业充满希冀，亚吉铁路运营合同关于能力建设的相关要求就是佐证。另一方面，人才优势和技术能力的持续提升，也是帮助中国在非企业向投建营一体化方向发展的关键一环。推进属地化管理和强化属地能力建设，融入当地劳动力市场和价值链，主动分享项目红利，得到当地人民的认同，将是中企助力非洲实现可持续发展的必由之路。

第四，政企合作，推动全产业链"走出去"。全产业链"走出去"，需要政府和行业协会引导产业链上下游企业"抱团出海"，统筹投融资、设计、建设、运营等产业资源的配套对接。由运营一条铁路拓展到运营一条经济带，需要进一步深化国际产能合作，鼓励和引导中国企业加大对非投资，夯实中非以有效需求为主导的互利共赢的产业合作格局。

二、案例二：希腊比雷埃夫斯港

（一）项目概况

比雷埃夫斯港地处希腊雅典西南的萨罗尼科斯湾畔，是希腊大陆与其他岛屿之间的连接枢纽，也是国际邮轮中心以及地中海商业中心。比雷埃夫斯港所在航线占据重要商业及战略地位，该航线的服务区域主要包括欧洲、北非以及地中海地区。随着欧洲经济中心逐渐向南部及地中海转移，此港的地理位置将越发重要。

比雷埃夫斯港由比雷埃夫斯港务局（Piraeus Port Authority，PPA）负责经营，该公司 2007 年于雅典证券交易所上市，希腊政府持有 PPA 74% 的股权，因此也属于国有控股资产。2005 年，希腊政府由于经济陷入困局，开始了国有资产的私有化进程。2008 年 2 月，比雷埃夫斯港务局就该港特许经营权发出国际投标邀请，中远海运集团于 2008 年 5 月提交投标，并于 6 月获得 PPA 的中标确认，双方于 11 月签署特许经营权协议。为专门收购比雷埃夫斯港之经营权，中远海运筹备成立全资子公司比雷埃夫斯码头有限公司（Piraeus Container Terminal, PCT），并于希腊上市。2009年10月中远海运正式接管比港2号码头的4个泊位，初期受制于海运吞吐量条件，处于亏损状态。2010年，中国远洋物流有限公司（以下简称"中远物流"）获惠普公司物流总承包商资格，并首次提出将比雷埃夫斯港作为中转站，以便为客户提供更为便捷的服务。依托比雷埃夫斯码头物流配送中心，中远物流成为惠普在欧洲地区重要的全程物流供应商，并为中远集装箱运输有限公司和比雷埃夫斯码头开辟稳定货源。2014年11月，中远海运集团与比雷埃夫斯港务局签署追加2.3亿欧元的协议，扩大该港货运能力。12月20日，希腊议会通过《PCT与港口管理局第二次友好协商协议》，中远海运集团投资2.3亿欧元用于扩建比雷埃夫斯港3号码头西侧部分。此协议的签订为中远海运参与收购比雷埃夫斯港务局股权打下了基础。

随着"一带一路"倡议的深入推进，中远比雷埃夫斯港已成为"一带一路"沿线项目的典范。然而，希腊政坛再起变化，齐普拉斯领导的激进左翼联盟党异军突起，在2012年的大选中成为议会第二大党，并在2015年1月27日举行的议会选举中胜出。就任仪式当天，海运部长德里察斯宣布停止比雷埃夫斯港私有化进程，但中远海运已运营项目并未受影响。随后不久，由于财政恶化，希腊政府不得不再次开启私有化。2015年5月，希腊政府对招标条件进行了重大修订。根据招标邀请内容，竞标者将角逐收购比雷埃夫斯港股份的51%，在满足一定条件后，投资者可以将所持股份由51%增加至67%。经过漫长的竞拍，中远集团中标成功。

2016年8月，中远海运与希腊发展基金签署《比雷埃夫斯港务局多数股权交易完成备忘录》，中远海运正式成为该港控股股东。在接管比雷埃夫斯港务局后，中远集团表示将在未来的5～7年内投资约2.9亿欧元用于扩建邮轮码头、改善修船码头、新建滚装船码头多层存车库等项目。2021年10月，中远海运集团有限公司收购希腊比雷埃夫斯港务局第二期股权交割确认书交换仪式以视频连线的方式在中国北京和希腊雅典、比雷埃夫斯港三地同步举行。至此，中远海运完成了收购比雷埃夫斯港务局67%股权的所有程序。

(二)项目促进当地经济社会发展

从2008年中远集团正式收购比雷埃夫斯港到现在，十多年的改造，比雷埃夫斯港再次成为欧洲重要的国际海洋运输港口，是中国"一带一路"海陆交汇的重要节点。2014年4月26日起，PCT开通了从比雷埃夫斯港通往中东欧的专列运输，经此路线，中国与欧洲之间的进出口货物可经海洋航线以比雷埃夫斯港为中转站，经由希腊、马其顿、塞尔维亚、匈牙利铁路直接运送到欧洲腹地。这条全新线路开辟了中国到欧洲距离最短的海运航线，使中国货物抵达欧洲的海运时间缩短了7~11天，李克强总理将其命名为"中欧陆海快线"。

2010年至2019年，比雷埃夫斯港集装箱吞吐量世界排名大幅提升，成为全球发展最快的集装箱港口之一。集装箱的箱量已经从2010年的88万箱达到了2019年约580万箱的水平，奠定了比雷埃夫斯港作为地中海第一大港的地位。2019年7月1日，比雷埃夫斯港被波罗的海交易所定义为全世界前10的中转枢纽港。2020年，受新冠肺炎疫情影响，比雷埃夫斯港集装箱吞吐量小幅下降至543万箱，但仍是地中海乃至欧洲地区表现抢眼的港口。

经测算，自2010年中远集团正式接手比雷埃夫斯港以来，该港的总资产报酬率呈对钩型的发展趋势，其中2012年的总资产报酬率为最低值，这与中远在接手比雷埃夫斯港之初将重点放在基础设施改造上有关，也正是在2011年和2012年，比雷埃夫斯港的吞吐量快速增长，其增长速度排全球首位。在比雷埃夫斯港正常运营之后，中远团队不断拓展业务板块，积极促成海铁联运，收入迅速提升，总资产报酬率呈大幅度提升的趋势。

中远接手之初，希腊人有着种种担忧，普通百姓最担心被中国人抢了"饭碗"。事实上，中远接手比雷埃夫斯港发展至今，管理团队中仅18个中国人，其余600多人都是当地人。截至目前，中远海运比雷埃夫斯港项目已经为希腊当地直接创造工作岗位3 000多个。同时，在设备采购与工程对外承包上，优先考虑希腊本土产品与当地企业，这一举动有效促进了当地相关产业的发展，间接创造岗位1万多个。

(三)项目开展过程中出现的问题与挑战

中远海运收购比雷埃夫斯港的过程可谓一波三折。第一，早在2009年10月初中远海运接管比港2号码头时，希腊码头工会就组织了罢工抗议，使中远海运在接手之初就面临管理和经营上的困境。第二，特许权协议中的最小额支付条款，成为拖累中远海运长远发展的枷锁。第三，在收购PPA股权时出现的希腊政局动荡，险些使中远海运之前的努力付诸东流。与其他"一带一路"境外大型工程项目类似，比雷埃夫斯港项目也面临着政局稳定性、社会文化差异、环境冲突、营商环境波动等多方面的挑战。

首先，希腊政府更迭频繁，政局动荡。自2009年年末希腊爆发主权债务危机到2015年新政府上台，希腊政府两次更迭，历经了五任总理。长期的政治动荡给前来投资的投资方造成忧虑，特别是涉及大项目合作时，不同政府在投资与对外项目合作上的态度不一致会造成政策上的间断性。政治局势上的动荡也会影响长远项目合作过程中的办事效率。此外,希腊政府对待外来投资者在本地进行项目投资的态度与中方极其不同,外来投资者到当地进行项目投资并不会为地方政府带来财政收入,所以地方政府在处理相关行政事宜时效率低下。

其次,地区恐怖主义活动猖獗。大范围的人口流动以及难民的悲惨境遇,为恐怖主义思想的滋生和蔓延提供了温床,中东难民已经成为恐怖主义组织招募的主要对象。极端组织"伊斯兰国"的武装人员或恐怖分子可能混在偷渡船上进入希腊,他们一旦进入欧洲领地(包括巴尔干半岛),就可能制造更大程度的混乱,巴黎恐怖袭击就是一个缩影,也表明恐怖势力已经进入欧洲,他们为了完成组织的使命,有计划地偷渡到欧洲并在欧洲本土发动袭击。因此,中国企业在"多事之秋"的巴尔干经营面临更多风险。[①]

最后,环境冲突不断。在比雷埃夫斯港,价值超过百万欧元的邮轮码头扩建项目引发官员和当地居民的抗议。中远公司希望在凯拉特西尼(Keratsini)建立一个物流平台和第四个集装箱码头,附近区的居民投诉起重机、机库以及相关交通活动将产生噪声滋扰和污染。2020 年 6 月,市政府要求停止工程,并向最高行政法院提出上诉,指责其活动造成的环境影响。

---

① 刘作奎:《收购希腊比港对"一带一路"建设的重要意义及风险预估》,载《当代世界》,2016 年第 4 期。

2019年，希腊考古部门希望结束中远集团建造购物中心和摩天大楼的项目计划。2020年12月，一群公民要求冻结建筑工程，声称这些工程还没有充分的安全措施。2021年2月16日，比雷埃夫斯法院驳回他们的诉讼。地方左派民选官员谴责工程缺乏对环境的研究，但比雷埃夫斯市市长扬尼斯·莫拉利斯（Yannis Moralis）相信，这些中国投资的城市最终将获益。

(四)项目意义与启示

第一，良好的政府沟通合作仍是第一保障。为保障比雷埃夫斯港未来的发展，可从三个方面着手。一是加强政府间的沟通。中国企业在"走出去"进行海外投资的过程中，离不开本国政府的后援支持。因此，为保障中国企业顺利在东道国进行投资，本国政府一定要与东道国政府进行政府层面的沟通交流，为企业顺利投资营造良好环境。二是围绕比雷埃夫斯港项目，加快与希腊政府的基础设施建设合作。目前希腊政府鼓励外来投资者在新能源、新技术等方面的投资，同时在铁路运输、航空运输、通信网络等方面进行积极的招商引资，做私有化改革。中国政府也可以参与相关领域基础设施的投资开发，做好对比雷埃夫斯港发展的硬件条件支撑。匈塞铁路、中欧陆海快线、三海（亚得里亚海、黑海、波罗的海）港区合作是"16＋1合作"布局中东欧乃至欧洲的一系列重要工程。比雷埃夫斯港是中欧贸易的重要连接点和前哨，中国应积极参与其中的建设，为比雷埃夫斯港构建完善的交通网络。三是基于中希两国的贸易现状，进行贸易产品结构的优化。目前中希仍以传统优势产业进行贸易往来，贸易量较小，需要深化附加值较高的相关产业的贸易合作。

第二，要注重本土化发展。中远集团在入驻之初，面临的最大挑战就是来自希腊本土的敌对情绪。当时希腊比雷埃夫斯港务局认为中远收购比雷埃夫斯港这一行为是对当地的一种入侵，当地的工会组织更是有强烈的抵触情绪，多次组织罢工阻碍中远方面的正常营业。中远团队在经营过程中，首先解决的就是当地敌对态度的问题，不但在员工雇用上保证以本地员工为主，只有少数关键管理岗位由中方人员担任，而且设立面向外方工作人员的管理岗位。在此基础上，中远提高员工福利，从薪资水平、岗位培训、节假福利、保障福利、家属福利等多方面进行调整，赢取当地人的好感。

第三，要避免违反当地法律法规。重点推进相关合同条目在东道国进行立法备案，提高保障力度。中远在与希腊合作的过程中，曾遭遇被希腊政府强制叫停事件，这也为中国海外投资敲响了警钟。而中远之所以能强势赢回比雷埃夫斯港的管理权，正是基于对相关合作条目在东道国进行立法备案的措施。中远在入驻比雷埃夫斯港之初，集中力量进行港口的修复重建。

在港口正常经营之后，中远方面就合同中特许经营权费用条款
与希腊政府进行谈判，要求完善相关立法，保障自身权益，也
为其收购打下了基础。

三、案例三：中老铁路

(一)项目概况

1. 基本情况

中老铁路项目是连接中国与老挝两国的通行铁路建设项目，
也是中国"一带一路"倡议与老挝"变陆锁国为陆联国"战略对接
的重要项目。2021 年 12 月 3 日，中老铁路正式通车。

中老铁路建设项目先后经历了 PPP、BOT、EPC 三种不同
模式谈判，最终在 2015 年敲定采用 BOT 模式。该项目预计工
期为 5 年，总投资规划达到了 500 多亿元人民币。中老双方于
2016 年 8 月组建合资公司进行铁路建设及运营工作，中国政府
与老挝政府以 70％与 30％的比例进行资金输入，其中，中国磨
万铁路公司占 40％，北京玉昆投资公司占 20％，云南省政府占
10％；老挝占 30％，老挝铁路公司代表该国政府持有（中老铁路
投资结构如图 5-1 所示）。中国进出口银行同意给予老挝低息贷
款，期限为 30 年，老挝可向中国提供钾碱（碳酸钾），以钾碱换

取资金。在运营方面，老挝政府授予合资公司特许经营权，在期满之前合资公司负责运营工作。

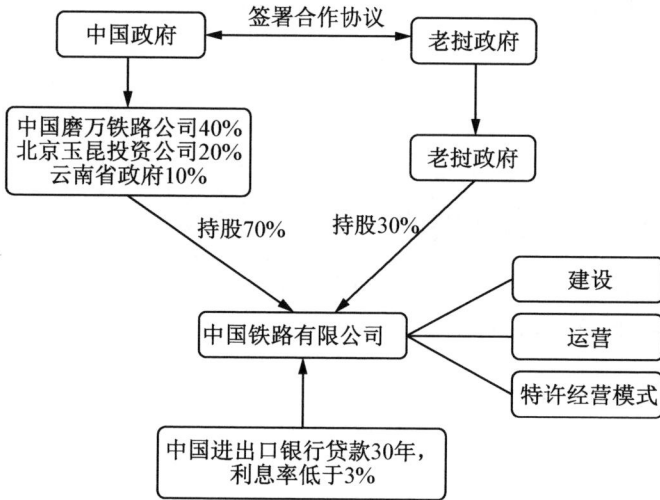

图 5-1　中老铁路投资结构示意图

资料来源：中国一带一路网。

该项目是泛亚铁路中线的重要组成部分。铁路全长 1 022 千米，设计客运时速 160 千米/时，货运时速 120 千米/时，沿线地形复杂，多为山地和高原，两次跨过湄公河，其中桥梁隧道工程占总里程一半以上。

从地理位置上看，中老铁路北起中国云南省的玉溪市，途经普洱市、西双版纳，单向通车至中老边境口岸磨憨，进入老挝后途经磨丁、琅勃拉邦，直至老挝的首都万象。全程共设有 31 个沿途停靠站点。

2. 技术标准

中老铁路项目之所以如此引人关注，主要是因为这是近年来第一个正式进入建设阶段的由中方主导进行投资、建设、运营，且与中国境内铁路网直接连通的跨境铁路项目。铁路全程采用中国技术标准，使用中国的专业设备，是非常有代表性的"中国制造"。该线的铁路分类被定位为Ⅰ类铁路。中老铁路作为客货运主通道，交付使用后的货运能力应当达到 1 900 万吨/年，而且旅客列车数量应当保持在 11 对/天的水平，只要进行单轨道铺设就可以满足相应需求。

顺应老挝石油资源贫乏但水电资源比较丰富的实际情况，中老铁路采用的是电力牵引方案。由于通行里程较长，列车的行驶时间较长，为减少工作环节，加快机车车辆周转效率，提高输送效率和运输质量，中老铁路建设项目最终使用 3 000 吨作为线路牵引质量，并且为满足 3 000 吨牵引质量的要求以及货运机车的发展趋势，采用了 HXD2 型机车牵引系统。

3. 建设进度

2015 年 12 月 2 日，中老铁路老挝境内的磨丁—万象段正式开工，设计时速 160 千米/时。

2016 年 4 月 19 日，中老铁路中国境内的玉溪—磨憨段开工动员会在玉溪召开，标志着玉磨铁路全线开工建设。

2017 年 12 月 12 日，中国电建水电十五局承建的旺门村二号隧道顺利贯通，成为中老铁路项目全线首个贯通的隧道。

2018 年 6 月 14 日，老挝楠科内河特大桥的桥梁主体工程竣工。

2019 年 5 月 21 日，跨湄公河特大桥实现首跨合龙。

2021 年 12 月 3 日，中老铁路正式通车运营。

(二)项目促进当地经济社会发展

中老铁路的开工建设，给铁路沿线地区的经济发展注入了新的活力。对老挝的经济社会发展产生了积极且深远的深刻影响。具体而言，可以将相关影响概括为以下三点。

1. 改变老挝原有的地缘经济依附关系

老挝是东南亚地区唯一的内陆国，被中国、柬埔寨、越南、缅甸和泰国等周边国家包围。一方面，老挝不具备参与航海运输的地理条件，老挝的水路运输只能依靠湄公河的航运来分担。而周边的各个国家都在发展海上贸易，使得老挝失去了和其他国家同步发展的机遇，难以和其他国家保持同步的发展节奏，这也是老挝在东南亚各国中经济发展水平长期比较落后的主要原因。另一方面，地理限制也导致老挝在东南亚地区的经济发展中长期处于被动依附的状态，不掌握对外贸易发展的主动权。

铁路作为最基础的交通设施，具有运输成本低、运输量大的特点，在货物运输方面发挥着至关重要的作用。中老铁路的建设，可以在根本上改变老挝在地缘经济中的依附局面。具体来说，中老铁路沿线设立大量站点，建成通车后，将会实现人流和物流的迅速增加，陆地运输能力的提升会大大降低老挝国内的物流运输成本，促进商品的流通和人才的流动，有效带动老挝国内经济发展。

有学者指出，按照当前的建设规划，中老铁路的建设将会带动中老铁路经济带的空间格局彻底转变，使中老铁路经济带呈现"一轴三心多带"的空间布局。"一轴"就是指中老铁路；"三心"就是指磨丁、琅勃拉邦与万象这三个带动铁路经济带发展的核心城市；"多带"就是沿铁路线辐射周边区域形成的经济距离适当、功能互补、较有发展前途的若干次级发展区域。"一轴三心多带"的空间布局的形成，将会为老挝注入强大的发展内核，老挝原有的地缘经济依附关系也将被彻底改变。

2. 有利于保持老挝经济的均衡性发展

从老挝的经济发展结构来看，农业经济长期在老挝的社会经济发展中发挥着非常重要的作用。但是，农业经济的发展不但没有使老挝成为农业强国，甚至还拖慢了其经济发展脚步，导致社会资源配置长期不合理，造成社会经济发展结构的严重不平衡。中老铁路的建设，恰恰成为老挝打破传统的发展模式、进入均衡性发展的全新发展阶段的有利契机。

具体而言，中老铁路建设项目是一个工期长、规模大、规格高、投资多的"超级计划"。这个计划的落地，不仅需要中国企业的持续投入，也需要老挝当地群众、企业和社会各界的积极支持。这些支持，不仅包括参与项目建设，还包括为项目的建设提供各种周到的帮助和服务。这样一来，中老铁路的项目建设本身就已经对老挝的第三产业发展产生积极的影响。受此影响，老挝将可以开始对社会资源进行优化配置，从而实现经济的均衡性发展。

开工以来，中老铁路已带动老挝当地就业超 11 万人次，老挝当地人得到了工作机会和技术培训，带动了周边经济。参与中老铁路建设切实提高了老挝人民的生活质量，他们过上美好生活的梦想也随着铁路的建设越来越近。

3. 有利于中老边境贸易的发展

在中老铁路建设之前，中国和老挝虽然近在咫尺，却因为老挝国内的交通运输条件难以满足要求，无法有效地帮助老挝实现经济发展的腾飞。中老两国的边境贸易规模也始终难以有效扩大。中老铁路的建设，不仅打通了中老之间的交通走廊，也搭建起了一个便于边贸发展的快捷通道，中国的商品可以便捷地进入老挝，老挝的商品可以直接运送到中国。双边贸易中的实体贸易的发展，必定要建立在稳定高效的物流运输的基础上才能实现。因此，对于老挝来说，中老铁路的建设为提升中老双边贸易规模提供了有效的解决方案。

自 2021 年 12 月 3 日开通国际货运以来，中老铁路带动双边货运量和货运品类稳步增加。根据世界银行的研究报告，通过与"一带一路"网络连接，从长期来看，中老铁路将会使老挝的总收入提升 21％；到 2030 年，每年沿中老铁路走廊途经老挝的过境贸易将会达到 390 万吨；这条铁路将使万象与昆明之间的运输价格下降 40％～50％，给老挝人民带来更多发展机遇。

(三)项目开展过程中的困难与挑战

20 世纪六七十年代，美国在老挝境内秘密投放了大量炸弹，其中三分之一为未引爆炸弹。中老铁路占地面积 3 058 公顷，横跨老挝境内五大省市，进展一度受到炸弹威胁而被迫暂停。此外，中老铁路的建设还面临当地经济基础薄弱、项目施工资源调配不足、技术人员匮乏、征地遇阻等多种困难。

1. 老挝工业基础薄弱

老挝的经济发展主要以农业为主，工业基础薄弱，国家经济基础相对薄弱，是世界最贫穷的国家之一。中老铁路的建设属于中方投资占股 70％，由中国进出口银行直接投资，而老挝仅占股 30％。铁路建设周期长的特点，使得中老铁路的建设过程中要时刻关注老挝的经济发展状况。

2. 地方政府间合作机制建设不完善

第一，合作机制总体不足。云南省与老挝、越南相邻地区已经建立了由地方政府主导的合作机制，这些机制对相关省市之间的合作起到了重要的推动作用，受到了相关国家、相关省市的重视。但是，目前与老挝的合作机制未健全，从发展需求看，需要建立有利于进一步推进"一带一路"有效落实、适应相关跨境地区交流合作发展新需求的新机制。

第二，合作机制层次少。目前，已有的合作主要是云南对老挝多个省市进行的，云南省与老挝相邻相近地方政府间还缺乏一对一的合作机制。另外，缺乏像"四国九方"合作机制那样由多个国家的多个地方政府参与的多边机制，这一层面合作机制的缺失限制了云南省与缅甸、老挝、越南相邻地区地方政府的合作走深走实和创新拓展。

第三，合作主体错位难以形成相应的机制。由于国家行政层级和结构的差异性，云南省与老挝相邻地区地方政府合作中出现主体层级错位和不对等。

3. 基础设施推进不平衡

中国与老挝跨境地方政府推进基础设施互联互通的力度不同，与老挝邻近地方相比，云南省总体建设较快，境内沿边州（市）主要公路基本上实现了高等级化，机场覆盖 8 个沿边州（市），主要铁路干线布局合理，口岸道路改善较快，建立了较为完善的信息通信网络基础和能源基础。然而，与云南省相邻的老挝除昆曼大通道经过的部分地区之外，道路等级低、通行条件相对较差；在航空方面，邻近地方有老挝丰沙里机场和琅勃拉邦机场，其中只有琅勃拉邦机场开通西双版纳航线；在通信网络方面，中老虽有光缆相连，但是在边境地区的基础较差；能源方面，中老边境地区水电基础总体薄弱，电力网还不健全。

4. 地区不稳定因素

第一，老挝处在金三角地区，由于各方政府的管理不当等原因，金三角地区的毒品种植和走私贩卖现象屡禁不止。第二，存在民众的反对。尽管中老铁路在建设过程中遵从属地化管理原则，但是民众对修建铁路抱有诸多疑虑，反对声音依旧存在。

5. 缺乏大型工程项目经验

在铁路建设过程中需要大量施工和技术人员，但是，一方面由于教育专业水平相对落后，高水平的铁路建设工作者并不多；另一方面老挝缺乏实施中老铁路这类大型工程的经验，相关施工人员储备不足，需要重新组织人力资源技能培训。中老铁路项目部自发组织了培训班对当地工人开展技能培训，并专门为老挝籍员工开办了培训学校，不过这些投入增加了资金预算，也可能对工期进度产生一定影响。另外，铁路建设所需要的各种资源和材料需要统一组织协调。在中老铁路建设过程中，参与建设的老挝分包商有6个，这些分包商主要负责提供砂石等建筑材料。但是其他的机械设备、信息化测量设备、钢材、电力等资源的组织比较困难。

6. 土地征用工作难

中老铁路沿线需要永久用地约 3 000 公顷，临时用地 800 公顷，需要征用大量土地。老挝土地为私人所有，这与中国的公有制不同。中老铁路所经地区包括国有企业、私人企业、外资企业等众多实体，而这无疑增加了协调的难度，延缓了中老铁路土地征用的进度。老挝政府积极参与土地征用的协调工作，但地方政府和公众对铁路项目的看法不一致，一些人利用土地收购机会大幅提高土地价格，导致工作的进展并不是很顺利。

虽然早在 2016 年 11 月就已有 5 亿元人民币（约 5 990 亿基普）被用作中老铁路沿线居民的补偿金，但是预计还需要 1 亿元人民币（约合 1 300 亿基普）左右，有关具体补偿方案和金额因涉及多个省份和不同情况而难以确定。到 2017 年年末，中老铁路已累计完成总投资的 20.3%，项目沿线的征地拆迁费用补偿标准却仍有待确定，最后的拆迁征地补偿方案的出台与落实是一大挑战。为了避免不同的地方政府设定不同的补偿标准，老挝中央政府决定接管铁路补偿工作，但统一补偿方案和补偿金额的确立也非一日之功。2018 年《越南时报》的一篇报告显示，共有 4 411 个家庭、多达 3 832 公顷的土地和 3 346 座建筑物以及有关农作物和林业受到中老铁路建设的影响。

(四)项目意义及启示

中老铁路通车后,从昆明至景洪仅需 3 个多小时,至老挝万象有望实现直达运输、当日通达。铁路开通不仅方便沿线人民群众出行和交流,还对拉动沿线旅游、农业、物流等产业发展和经济特区、综合开发区、城市化建设有巨大促进作用,推动中老之间互联互通。未来,中老铁路还将与中南半岛其他国家相连,成为泛亚铁路的关键起承段。

中老铁路的建设,有效加强了中国和老挝之间的国际运输通道的运输能力,为中老双边贸易的持续稳定增长提供了积极保障。这条泛亚铁路的中央走廊,从中国昆明出发,一路向南一直连接到新加坡东部,是跨越东南亚地区最方便、最快捷的走廊。建设中老铁路,对推动中国—东盟自由贸易区建设和大湄公河次区域的经济发展具有重要意义。

1. 加强政府间交流合作

实现铁路国际合作要求政府间保持友善关系,尊重各自的主权。高层间通过强化交流互动,带动政府间的交流合作,从而提高东道国与母国的信任程度,为中国铁路"走出去"创造良好的政治环境。

中老铁路基础设施建设项目投资分布在老挝的城乡地区,因此加强两国政府之间的交流非常重要,需要老挝各级政府的支持才能有效规避经济风险。首先,政府领导人应该加强关于中国在老挝的基础设施投资项目的谈判，并为中国与老挝公司的基础设施投资建设创造有利的沟通条件；其次，相关部门应当建立沟通渠道，对中老铁路建设投资过程中的具体细节展开讨论和交流，明确两边政府部门、投资部门、施工部门的责任和义务；最后，各级地方政府应该严格执行相关的法律文件，为项目的实施建设提供人力资源保障，辅助设施建设保障，加快建设进度。

2. 完善双边法律政策体系

一方面，健全中国铁路"走出去"相关法律体系。政府部门应强化"走出去"相关法律体系的顶层设计，尽快建立相应的法律体系，完善海外保险保护相关的法律法规。目前，我国针对国际工程的保险保护政策正在逐步推进，但由于发展起步较晚，政策扶持力度较低，特别是对国际投资保护协定的保险法律法规相对滞后。政府部门应尽快制定海外投资、铁路工程承包政治风险保险以及中长期出口信用保险等内容的相关法律。让保险单位在开展相关业务时有法可依，规范企业在投保和理赔中的权利和义务，增强企业在国际工程中的整体抗风险能力。

另一方面，应该协助促进东道国法律法规建设，以应对政策变动风险。老挝法律的不健全和地方政府的严重腐败，曾导致中老铁路磨丁—万象段的进展出现了各种阻碍，因此，为保证类似大型项目能够有序开展推进，我国可以协助东道国加强法律法规建设，制定符合国际惯例的有效法律法规，确保双边投资者权益。

3. 融资与管理运营模式启示

老挝在铁路建设和运营方面的经验较为缺乏，经济规模、经济对外开放程度和营商环境较差。ABS融资模式较难在此类国家运作，因此合作模式可以考虑选择BOT与联合承包运营模式。采用该模式优点是可以拓宽资金来源，东道国政府的融资压力减小；组织机构较为简单，有利于双方各项事宜的协调；有利于东道国引进中国先进的技术和管理经验。在此模式下，中老合资公司获得了一定期限的铁路特许经营权，项目资金由中方及老挝共同承担，中方给予了老挝较大比例的低息贷款。

对于投资环境较差的国家，大型工程项目合作需要选择简单有效的管理运营模式。中老在铁路融资、建设上遇到的困难都较大，BOT模式集项目融资与管理于一身，该模式起源时间悠久，运作形式简单，对于投资环境较差的国家较为适用。而且老挝铁路运营经验十分缺乏，铁路技术人员的培养也需要较长时间，这类国家在铁路运营上较为依赖合作运营的方式，具体可选择联合承包运营模式。在该模式下，共建的合资公司受东道国政府委托负责铁路的运输组织及维修、客货经营等工作，可以提升东道国的铁路运营经验和技术，使未来的铁路经营权交接更加顺利，也有利于中国与东盟铁路的技术对接和顺利联通。

四、"一带一路"基础设施发展面临的主要问题和发展对策

结合案例分析，下面总结了"一带一路"基础设施建设在推动互联互通过程中遇到的主要困难和挑战，并给出了相应的发展对策。

(一)"一带一路"基础设施建设遇到的挑战

1. 地缘政治环境复杂，基建项目易受冲击

由于基础设施项目投资规模较大，往往需要政府部门的参与，这就使得基建项目夹杂了政治因素，一旦东道国的政治环境发生动荡，就会对当地的基建项目带来巨大冲击。例如，斯里兰卡 2015 年的总统大选，西里塞纳新政府上台后调整了本国的外交政策，重新审查了多个中国企业投资的基建项目，导致部分项目被迫停工。在 2019 年，"一带一路"多个沿线国家举行总统选举活动，其政治环境的变化同样给中国企业的投资带来影响。

2. 经济环境频繁变化，行业前景不确定

2018 年以来，西方国家反经济全球化趋势明显，全球经济

增长缓慢，宏观环境的变化给基础设施建设带来了风险与不确定性。一方面，发达国家改变货币政策，本币升值，资本逐渐向发达市场回流，无形中增加了正在建设基础设施的发展中国家与新兴经济体的财政负担。另一方面，2017年之后，美国在全球范围内推行贸易战，采取了多项贸易保护策略，针对海外产品增加关税，不仅对全球经济发展造成干扰，还导致国际市场上大宗商品价格频繁波动，进一步增加了基础设施原材料的成本。

3. 自然灾害难以预料，基建项目易受影响

从地理位置上看，"一带一路"沿线国家中部分国家所处地理位置偏僻，自然环境较为恶劣。根据自然灾害数据库统计，1980—2015年，"一带一路"沿线国家累计发生自然灾害4 581次，东南亚地区累计发生1 348次，损失最大；南亚地区累计发生自然灾害1 120次；中东欧地区累计发生自然灾害583次；西亚和中亚累计发生自然灾害509次；非洲与中东地区发生自然灾害次数较少，共263次。综合来看，自然灾害不仅会影响一国的经济和安全，还会影响基建项目的工程进度、交通运输与安全状况。

4. 国际标准存在差异，项目进程受影响

目前，国际上对于基建项目的工程技术尚未形成统一的标准，按照国别可将工程技术标准划分为欧洲标准、美国标准、

英国标准和俄罗斯标准，但各个标准之间差异较大。同样，"一带一路"各个沿线国家使用的标准也不尽相同，每当遇到技术标准不一致的情况，若不能快速解决，将会对整个基建项目的设计、投标、采购、施工与交付等各方面造成严重影响。

5. 国际市场竞争激烈，企业面临竞争压力

在国际市场上，欧美国家等发达经济体在经济实力、技术水平、资金规模等方面都具有较大优势，在欧洲、中东等地区占有大量市场份额。发展中国家的企业想要进入国际市场上与其竞争将会面临较大的挑战。与此同时，欧美等国家也在推出政策支持本国企业进入新兴市场，如美国的"新非洲战略"、欧盟对非欧国家提出的"四大关键行动方案"等。随着"一带一路"倡议的向前推进，国际市场竞争势必更加激烈。

6. 世界局势变化带来新的挑战

2016 年以来，全球近 70 个国家和地区中有五分之一新出台政策引入了投资限制。滥用国家安全审查可能成为助推全球贸易保护主义升级的关键障碍，其中欧美投资审查制度明显趋紧。美国逐渐把中国作为主要战略竞争对手，中美脱钩和"去中国化"的一系列措施和行动愈演愈烈。特朗普担任总统后，美国退出了 10 多个国际组织、国际条约和多边机制，这对多边主义和全球治理造成很大的冲击，也对互联互通理念产生阻碍。

7. 新冠肺炎疫情大流行带来的政治经济挑战

全球新冠肺炎疫情大流行导致经济衰退，受各国的防疫政策

影响，航空运输锐减，大批援外工程技术和劳务人员难以返回施工项目和园区企业，造成诸多“一带一路”基建项目进度放缓甚至停顿，本来准备达成的中欧投资协定和“一带一路”第三方合作也暂时停滞。由于国际资金来源萎缩，国际经济组织与亚投行、金砖银行以及丝路基金的合作与融资能力均有所下降。这将影响未来“一带一路”新项目上马，也将影响我国金融机构与国际经济组织合作态势。除了疫情造成的直接影响，美国由于在疫情中遭到重创，为防止中国在地缘政治经济中取得过多进展，对“一带一路”的抵制力度也有所加强。美国国会 2021 年立法，要对接受中国“一带一路”项目投资和贷款的国家停止美国官方援助资金项目。这将对发展中国家产生恶劣影响，可能迫使一些国家为了保留美国官方援助而放弃部分“一带一路”项目。总之，疫情的冲击是全面的、深刻的、持久的。在此事实下，中国应在挑战中把握机遇，比如可以促进数字化“一带一路”的建设，提高民营企业参与度，减轻官方融资压力，同时寻求更多的国际合作机会，提升供应链弹性，减缓突发事件的冲击。

（二）政府层面的发展对策

1. 讲好丝路故事，消除文化差异

文化差异产生的冲突阻碍了中外经贸与基础设施建设，消除文化差异需要通过政府合作和民间交流等多方面共同推进。

一是加强政府层面的沟通协调机制。以政府层面的政策沟通为主要渠道，拓宽人文交流对话机制，积极利用好现有资源平台，加强我国与沿线国家战略机制的对接联通，展现"一带一路"倡议的开放与包容。例如，加强"一带一路"倡议与欧洲"容克投资"计划、印度"东向行动"政策、印尼"全球海洋支点"战略、蒙古国"草原之路"等政策的对接，从国家政府层面为多边合作和人文交流奠定坚实的政策基础。建立并维护好长期稳定的人文交流合作平台，注重与沿线国家共同举办"教育交流年""文化交流年""旅游交流年"等活动。

二是注重民间力量，发挥非政府组织（NGO）的作用。我国应鼓励民间力量在人文交流中发挥更大作用，充当民间友谊使者，将"一带一路"建设成"民心之路"。首先，政府应当加强NGO"走出去"的立法工作，为NGO活动提供政策保障。同时，设立资助管理机构，类似美国国际开发署（USAID）专门负责NGO参与"一带一路"建设及其国际化事务。加强对NGO的资金支持和技术支持力度，可以通过立法，规定每年由专职管理机构提供一定比例的资金予以资助。其次，优化NGO活动理念，获得国际认同与支持。NGO在当下国际局势中存在敏感性，中国NGO的活动方式和项目开展应尽量去官方化，面向对象国的草根工作要深入细致、长期开展。同时，在参与"一带一路"建设的过程中，NGO要完善财务公开制度，增加活动开支和内容的透明度，让沿线国家政府、资助机构以及民众享有监督权，消除大家的不信任感。最后，建立全方位协调沟通体系。要坚持科学有序、有组织的规划部署，加强不同主体之间的协调配合。由政府、企业、非政府组织在"一带一路"沿线地区设立项目办公室或办事处，形成全方位立体沟通网络体系，形成"问题—反馈—优化"机制，提高沟通办事效率。

三是加强文化传播能力建设。"一带一路"作为国际倡议，要让国际社会认同和接受，就需要打造面向国际市场的文化媒体，提升国际话语影响力。首先，国内要大力发展国际文化传媒教育，增加相关人才储备。其次，紧跟经济全球化和互联网时代的趋势，立足中国传统优秀文化特点，促进国际化媒体产业发展和完善，加强对外人文交流的能力建设。最后，要积极借鉴非英语国家媒体文化产业走向世界的理念和经验，致力于打造与中国国际地位相称的世界主流媒体。

2. 拓展融资渠道，完善投融资体系

"一带一路"覆盖许多发展中国家，尤其是非洲地区，基础设施水平差、经济落后，大型基础设施建设需要庞大资金，面临融资困难的局面。因此，解决资金缺口以及保障融资可持续是推进"一带一路"建设持续稳定发展的关键任务。这要依靠沿线国家共同努力，致力于构建完善的融资平台和金融体系。具体从以下几方面着手。

一是扩大投融资主体，创新合作平台。一方面，以投资项目经济性为根本立足点，吸引更多的金融机构、社会资本到"一带一路"沿线国家拓展金融业务，并为项目发展提供资金保障，保证建设资金来源可持续性。另一方面，中国倡导并积极参与的亚洲基础设施投资银行、金砖国家开发银行、上海上合融资机构和丝路基金等，应与各国现有的商业银行和世界银行、国际货币基金、亚洲开发银行等开展多边金融合作，形成多元化的融资平台，加快形成各类金融机构分工合作、相互补充的多元融资主体框架。

二是完善监管制度，建立长效机制。"一带一路"国际融资具有创新性，同时也存在不确定性。为避免系统性金融风险，相关政府、机构、企业需要完善风险应对和危机处置制度安排，加强多边合作，构建区域性金融风险联合预警系统。同时，要加强金融监管体系建设，通过跨国多边合作，推动签署双边监管合作备忘录，成立相应管理机构，逐步在区域内建立高效的监管协调机制。

3. 坚持以基础设施互联互通建设为重点

实践证明，将中国强大的优势产能和"一带一路"沿线国家矿产、能源、劳动力等资源相结合是重要的利润增长点。而制约"一带一路"产能合作利润释放的主要瓶颈是基础设施建设。因此，推进基础设施互联互通仍然是未来很长时间"一带一路"

建设的重点环节。不过，建设基础设施投资大、回报期长，而且很多沿线国家政局不稳，社会动荡，基础设施投资存在较高的政治风险和安全风险。因此，需要提高项目投资经营风险管控能力。政府、企业以及个人层面均应牢牢树立风险意识、危机意识，提高风险应对能力。政府部门应督促、指导各行业、企业建立专项及综合风险防范目标及应对方案。可以借鉴国际一流企业的风险防控经验，完善生产经营过程风险管理体系。政府还应与合作国家加强风险防控法规、争端仲裁和司法机制的有机衔接，减少各类风险对"一带一路"建设造成的冲击和危害。

4. 加强卫生基础设施合作

新冠肺炎疫情的暴发凸显了卫生基础设施建设的重要性，中国在疫情暴发初期投建的方舱医院让世界看到了中国速度、中国力量。后疫情时代，加强卫生基础设施合作可以成为一个落实"一带一路"倡议的重要途径。在具体措施上，可以从公共卫生体系建设、公共卫生软硬件建设、人才培养和经验分享等方面同步进行，加强中外卫生合作，推动构建人类卫生健康共同体。

(三)企业层面的发展对策

1. 提高工程建设标准，提升项目管理运营能力

企业应当结合项目所在国法律法规要求，制定较高的环境、

社会和治理标准，推动项目"走出去"，让中国标准赢得世界认可。同时，企业应积极创设建造与运营一体化的服务，避免项目建设完成后运营维护不当局面的出现。坦赞铁路是亚吉铁路的"前辈"，由于中国企业在完成建设后没有跟进运营，铁路维护不当，后期没能很好地发挥作用。因此，中企要在项目投建时探索合理的项目建设运营模式，培养当地技术管理人员，在中国技术运营团队退出时，保证东道国有人员接手，确保项目的可持续性。

2. 做好风险评估，最大程度规避风险

企业"走出去"的时候，前期应当把项目风险预估好，预估足，做好风险评估是避免重大损失的关键一步。企业需要清楚项目所在国的基本情况，评估政治风险、金融风险、法律风险、自然灾害风险，遵从当地环境保护要求，了解劳动用工和薪酬福利，确保人员安全。对外派人员进行系统性培训，避免触犯当地文化层面的禁忌，如饮食禁忌、服饰禁忌、卫生禁忌、婚姻禁忌、丧葬禁忌、商业禁忌、人际交往禁忌、精神生活禁忌等。

中资企业到海外既应承担好经济、社会、法律等一系列显性的企业责任，又要主动研究和灵活掌握当地隐性的"游戏规则"，实现与当地各相关利益群体多赢的局面。既要构筑科学合理的风险内控体系，强化"主动防御"措施，又要在风险发生时启动行之有效的风险预案，做好风险的"被动防御"。可以说，重视合规经营和风险应对是更好地助力东道国实现可持续发展的支撑与保障。

第六章 | 全球基建新格局与"一带一路"
基础设施高质量发展

基础设施建设一直是一个特殊领域，由
于风险大、收益低，私人资金的进入非常谨
慎，如果没有政府力量来推动，社会民间力
量很难产生主动投资的动力。"一带一路"倡
议的提出，给解决此难题提供了一个很好的
方案。经过多年实践，实实在在的投资项目
产生的社会经济效益也赢得了国际社会的广
泛认同。2019 年 4 月，世界银行在其发布的
研究文章中，高度评价"一带一路"倡议做出
的贡献。其中，《"一带一路"经济学：交通发
展走廊的机遇与风险》报告提到，已完成和规

划中的"一带一路"交通运输项目将使沿线国家和地区货运时间平均减少 1.7％～3.2％，使全球平均航运时间下降 1.2％～2.5％；"一带一路"建设将使沿线国家和地区的实际收入增长1.2％～3.4％，全球实际收入增长 0.7％～2.9％，从而促进实现共同繁荣。

　　"一带一路"倡议站在全人类的角度，为世界做出了切实贡献，也因此吸引了欧美发达国家进入这个领域，近年来相继推出各自倡导的基建计划，这对全球发展无疑是一件好事。"一带一路"倡议产生的带动效应也体现了其正确的理念已被国际社会广泛接受。无论是美国提出的"蓝点网络"（Blue Dot Network，BDN）、"重建更美好世界"（Build Back Better World，B3W）倡议，还是欧盟提出的"全球门户"（Global Gateway）计划，只要能够与"一带一路"倡议一同促进全球治理，造福全人类就是好的，这也是"一带一路"倡议发挥更大社会价值的体现。但我们也反对只喊口号的空谈，更反对借此搞意识形态对抗而背离促进社会经济发展的初衷。

一、欧美相关基建倡议概况

（一）"印太战略"和"蓝点网络"

谈到"蓝点网络"，让我们先回顾一下美国的"印太战略"。

自 2017 年 11 月美国总统特朗普开展亚太之行后，"印太战略"布局正式开启。在首提"印太"概念后，美国发布国家安全战略，将"印太"由构想上升至战略影响层面，"印太战略"体系形成。2018 年，美国已正式抛弃"亚太再平衡"，将旧体制下的"太平洋司令部"更改为"印度洋—太平洋司令部"，宣告区域格局即将正式转变。"印太战略"提倡推进印太区域实现"自由开放"，其中"自由"指区域内国家将不受到任何形式胁迫，自由选择发展道路，使得印太向政治清明、权利保障、反腐败建设自由化发展；"开放"则重点强调基础设施建设尤其是海域通信及航线建设的开放性对于贸易发展的重要性。

在过去的亚太战略中，美国重点推动在国防安全和政治外交领域的合作，尚未提出针对该地区的区域经济合作实际操作计划，因此其"印太战略"尚缺乏经济领域切实可行的抓手。事实上，美国政府一直关注其所谓"印太战略"在经济领域的落实。2017 年年末，美日就曾签订关于高质量基础设施合作的备忘录，之后美国曾与新加坡和印度探讨搭建基础设施建设合作框架。2018 年 7 月的首届印度洋—太平洋商务论坛上，美国国务卿迈克尔·蓬佩奥提出，美国及其盟国应加大在地区数字网络、能源市场和基础设施领域投资的倡议，进而与其盟国建立工作组，并准备巨额配套资金。在这样的背景下，作为在经济领域落实美国"印太战略"的具体方案，"蓝点网络"被提出也是预料之中，其合作基础是 2017 年美国与日本、澳大利亚、新加坡、加拿大和欧盟的金融发展机构达成的合作协议。据美国海外私人投资公司官网的描述，"蓝点网络"将基于对公认原则和标准的遵守情况对基础设施项目进行评估和认证，促进印度洋—太平洋地区和全球范围内以市场为导向、财务透明且可持续的基础设施的发展。所以，该计划的核心是对项目的"评估和认证"。对于"公认原则和标准"涵盖的范围，据美国国务院负责经济增长、能源与环境的副国务卿基思·克拉奇介绍，该计划是基于对"透明、责任制、财产和资源的主权、当地劳工和人权、法治、环境以及政府在采购和融资方面良好做法"表示尊重的"全球性标准"。除了基础设施领域，这些标准还将涵盖"数字化服务、采矿和金融服务"。基于 2018 年 10 月通过的《善用投资促进发展法案》，美国海外私人投资公司与美国国际发展署（US-AID）两部门合并成立的美国国际发展金融公司（DFC）是"蓝点网络"计划的领导机构。目前，强调所谓的"全球标准"，通过"私营企业注资"和关注"高质量、可持续的基础设施项目"，是"蓝点网络"计划的三个主要特点。

仅由美国、日本、澳大利亚三国制定的标准是否具有代表性，能否作为"公认的全球标准"尚需打上问号。有多少国家能满足标准的要求且愿意申请认证，更具有很大的不确定性。"蓝点网络"计划的另一个核心特征是，美国海外私人投资公司等参与机构并不为该计划提供借贷,其资金来源于私营企业的投资。说服私营企业前往形势不够稳定且政治建构不够成熟的地方投资绝非易事,因此,追求"高质量投资"目前也只是美国提出的一个口号。区域内国家对"蓝点网络"计划的积极回应者寥寥。从发起国来看,作为美国所谓"印太战略"重要伙伴的印度就缺席了该项计划。2018年印度洋—太平洋商务论坛举办时,印度曾派出大使级代表参加,2019年则没有派代表参加。目前的"蓝点网络"计划更像是一个愿景声明,其作用还有待观察。可以确定的是,该计划并没有切实联系区域内经济发展的实际状况,所开的"空头支票"并不能填补亚太地区的基础设施建设缺口,也无法满足区域内国家的现实需求。

(二)美国的"重建更美好世界"计划

"重建更美好世界"简称B3W,是2021年6月七国集团在第47届七国集团会议上提出的一项旨在为中低收入国家提供有别于"一带一路"倡议的基础设施建设计划。该计划由美国主导,称将会在2035年前为发展中国家提供40万亿美元,旨在促进私营部门为优质基础设施提供资金,并鼓励私营部门投资,以投资改善气候变化、健康安全、数字技术和性别平等方面的状况。"蓝点网络"是其基础,旨在通过基于贷款的融资建设道路、桥梁、机场、港口和发电厂,建立一个全球网络。

其实早在 2021 年 3 月，美国总统拜登就在与英国首相约翰逊通电话时主张，美国和其盟友应该建立一个由民主国家牵头的基础设施建设计划，以与中国的"一带一路"倡议相抗衡。但是当时，英国表现得兴趣不大，德国总理默克尔在接受采访时更是表示，欧盟在中国的利益与美国不完全一致，有着自己的方向。尽管美版"一带一路"倡议遭受冷遇，但也不难理解这项建议背后的动机。拜登政府上台之后，在对华关系上相对于特朗普时期的咄咄逼人已有所收敛，但却时刻不忘强调中国是美国"最严峻的竞争对手"。而且与前任所奉行的单边主义不同，拜登政府更重视重塑与传统盟友的关系，在意识形态领域对中国发起围堵。于是，就出现了以美国为首的西方国家疫情期间接连在涉港、涉疆等问题上向中国发难，粗暴干涉中国内政。甚至在"一带一路"问题上，拜登政府也不忘用意识形态挂帅，企图以所谓"民主国家"的名义来与中国唱对台戏。①

在 B3W 推出的同时，拜登政府还推动了一项面向国内的基建法案，即《基础设施投资和就业法案》（Infrastructure Investment and Jobs Act，IIJA），意在加强国内基础设施建设，包括修复高速公路，重建桥梁，升级港口、机场和交通系统；提供清洁的饮用水、更新的电网和高速宽带；创造就业机会和提高

①　乐水：《拜登的美版"一带一路"计划是一种战略错位》，http://www.china.com.cn/opinion/2021-04/05/content_77377903.html，访问日期：2022-06-20。

家庭护理工的基本工资和福利；促进学校和儿童保育设施现代化，并改造升级退伍军人医院和联邦建筑等。

2021年8月10日，美国国会参议院以69票赞成、30票反对的投票结果通过总额约1万亿美元的跨党派基础设施投资法案，其投资规模远低于美国总统拜登该年早些时候提出的2.25万亿美元的基建投资计划。议案提出由联邦政府支出5 500亿美元用于基础设施建设——大致相当于1956年美国州际公路系统的建设费用。随后该法案将被送交国会众议院审议。11月6日，美国众议院以228票赞成、206票反对，通过总额约1万亿美元的跨党派基础设施投资法案。该法案包括为现有联邦公共工程项目提供资金，同时在五年内新增约5 500亿美元投资，用于修建道路、桥梁等交通基础设施，更新和完善供水系统、电网和宽带网络等。11月15日，拜登在白宫举行的仪式上将一项1万亿美元基础设施议案签署成法。拜登在仪式前签署了一项行政命令，指示在基础设施项目中优先考虑使用美国制造的材料；并成立了一个由内阁高级官员组成的特别工作组，以指导落实该项立法，并任命前新奥尔良市长兰德鲁负责监督计划。

2021年11月初，拜登宣布了《重建更好法案》框架。随后，美国一名高级官员透露，美国计划下年一月对全球5到10个大型基础建设项目进行投资，以落实B3W计划。两党基建法案可以看作 B3W 的国内版本，两者同时推进，也反映出拜登政府对基建经济的重视程度。

(三)欧盟的"全球门户"计划

2021 年 9 月，欧盟委员会主席冯德莱恩在发表欧盟年度国情咨文时公布了名为"全球门户"(Global Gateway)的基建计划。2021 年 12 月 1 日，欧盟委员会在布鲁塞尔公布了 3 000 亿欧元的全球基建投资计划，在此后 5 年预计投入 3 000 亿欧元巨资用于全球范围尤其是在非洲、亚洲和拉丁美洲的基础设施建设项目。"全球门户"框架下的投资重点是数字化、应对气候变化和替代能源。欧委会强调，"全球门户"秉持的原则是可持续、有利于应对气候变化和推进数字化。欧盟与受益国之间将是平等的关系，并承诺保障程序透明、遵守民主价值标准。

二、对欧美基建倡议的基本判断

(一)美 B3W 矛头直指"一带一路"

从"印太战略"到"蓝点网络"，再到"重建更美好世界"计划，无不透露出美国针对中国、围堵中国的意图。早在奥巴马时期，美国在全球战略和大国竞争目标上就已开始聚焦中国，以开启美国全球战略东移和提出"亚洲再平衡"战略为标志。特朗普政府进一步强化了应对"中国威胁"的紧迫性，拜登政府确认并固化了对华战略竞争在美国全球战略中的重要性。国务卿布林肯早在2021年1月19日参议院的任命听证会上就提出，美国外交要"赢得对中国的竞争"。美国总统拜登曾形容B3W计划，可以成为较"中国方案"更优质的选项，在更多宣传B3W的场合，美方也在不断强调该计划"透明、民主"等原则，意在暗指"一带一路"相关倡议存在缺陷，B3W的提出已经释放美国和西方要在全球基础设施建设领域同中国竞争的明确信号。

2022年2月发布的新版"印太战略"中特别强调要应对中国带来的挑战，继续鼓吹"中国威胁论"。在安全方面提出将进一步强化与地区盟友日本、澳大利亚、韩国、菲律宾、泰国的关系，提高与日本自卫队的兼容性，以提高日美共同威慑力。同时，以其推出的"印太经济框架"(IPEF)作为战略支柱，美国希望通过制订贸易与高科技的规则来确保主导权，在经济方面与中国抗衡。该战略在乌克兰局势最为紧张的时候发布，也明确展示出了美国政府要遏制中国发展的姿态。

(二)相关倡议的资金落实仍是问题

根据目前公布的草案内容，欧盟的"全球门户"计划与美国主导的B3W在投资原则和领域上都存在重合。拜登在2021年

11 月公布的 B3W 的框架中表示其主要在四个领域投资——气候变化、健康安全、数字技术、性别平等。气候变化、健康安全、数字技术也是欧盟"全球门户"计划重点投资的领域。但是双方还有一项重要的相似特征，即资金来源尚不清晰，也未出台具体的资金筹措和落实方案。

尽管美国 B3W 和欧盟"全球门户"计划都强调以价值观导向，但发展中国家需要的是实实在在的投资，而不是空洞的价值观认同。亚洲开发银行此前预测，从 2016 年到 2030 年，亚洲每年需要 1.7 万亿美元、合计 26 万亿美元的基建投资，以维持该地区发展势头、解决贫困问题、应对气候变化。其中，电力设施需要 14.7 万亿美元，交通需要 8.4 万亿美元，通信需 2.3 万亿美元。钱从哪儿来？欧盟表示，"全球门户"计划的出资方将来自欧盟及各成员国和欧洲各金融机构，此外还将动用可提供 400 亿欧元担保能力的欧洲可持续发展基金和 180 亿欧元的外部援助计划赠款。同时，将进一步完善金融工具包，探索建立欧洲出口信贷工具的选项，以补充成员国现有的信贷安排。尽管有看似全面的资金来源，但欧债危机刚刚过去不到十年，教训殷鉴不远，而疫情期间，欧盟各成员国再度面临财政赤字、政府负债率升高的问题。欧盟统计局的数据显示，2021 年二季度，欧盟成员国财政赤字占 GDP 比重为 6.3%；截至二季度末，欧盟政府债务余额为 12.6 万亿欧元，占 GDP 比重为90.9％。① 如此债务高企，甚至有引发后疫情时代欧债危机的可能，欧盟还有多大的金融灵活性来实现其所设想的庞大支出？

与B3W类似，"全球门户"计划也需要说服私有资金的投入，亦如"蓝点网络"计划曾宣扬的那样。但大型基础设施项目政治风险较高、投资回报率较低的属性决定了这类项目必须由公共支出主导。私人资本由于其较强的逐利性很难独立承担这类大型基建项目，尤其是在发展中国家。世界银行的报告显示，目前，对发展中国家尤其是对非洲地区的基础设施项目投资，仍然主要依靠官方贷款。相比之下，中国"一带一路"倡议通过创新融资方式，为发展中国家带来资金、技术和基建产能，已经产生实实在在的社会经济效益，而欧洲和美国的计划仍在意向阶段，未来资金筹集和具体落实进度仍有很长的路要走。

(三)我们需更重视"蓝点网络"计划

根据表6-1信息及前述介绍，可以发现"蓝点网络"重点在搞所谓的标准和认证，相比于B3W和欧盟的"全球门户"计划，"蓝点网络"更应受到我们的重视，因为标准就意味着话语权。未来，B3W和"全球门户"的基建项目可能利用"蓝点网络"所谓

---

① 蔡彤娟：《欧盟"全球门户"计划不应忽视与中国的合作》，http://www.china.com.cn/opinion2020/2021-12/25/content_77951986.shtml，访问日期：2022-06-20。

的认证，来宣扬清洁、透明、民主，把自己放在道德的制高点上，同时从该方向对"一带一路"倡议进行舆论攻击。如果该认证标准得到越来越多国家的采用，可能对中国"一带一路"基础设施建设形成挤压，中国将变得被动。

表 6-1　欧美基建倡议及计划概况

名称	印太战略 Indo-Pacific Strategy	蓝点网络 Blue Dot Network	重建更美好世界 Build Back Better World	全球门户 Global Gateway
提出时间	2017.11 特朗普版 2022.2 拜登版	2019.11	2021.6 G7 峰会提出 2021.11 公布框架	2021.9 欧盟提出 2021.12 投资计划
提出方	美国	美国、日本、澳大利亚	G7、美国	欧盟
特征	—加强美国在该地区综合实力 —强调中国带来的挑战 —强调盟友合作	—动员私人资本到海外投资 —建立基建标准和认证 —透明、清洁等高标准	—到 2035 年为发展中国家提供 40 万亿美元基建投资 —透明、民主价值观	—3 000 亿欧元全球基建投资 —透明、民主价值观

过去，包括 G20、G7、赤道原则等都属于非技术标准，但"蓝点网络"似乎想成为全球基建领域的 ISO。[①] 所以，相比于 B3W 和"全球门户"计划，中国需要特别重视"蓝点网络"计划的

---

① 郑军：《应结合"蓝点网络"计划来研究 G7 针对"一带一路"的策略》，https://www.investgo.cn/article/yw/tzyj/202107/552769.html，访问日期：2022-06-20。

推进动态，并且采取有效的应对措施。在"一带一路"倡议下，我们切切实实投建了那么多大型基础设施，基建能力毋庸置疑，应当在此基础上，构建一个能被广泛认可的基建标准或认证体系，将话语权掌握在自己手中，以推动"一带一路"基础设施建设高质量发展。

三、中国应对欧美基建倡议的策略

（一）重视欧美基建计划带来的挑战

第一，提高重视程度。美国推出"蓝点网络"和 B3W 的战略意图显而易见。首先，"蓝点网络"补齐了其所谓"印太战略"中区域经济合作的短板，企图在政治、军事与经济领域"三管齐下"，进一步强化地区影响力。其次，在加强与盟友及伙伴国经济合作的同时，美国试图诱使相关国家在区域经济合作中选边站队。另外，美国妄图以"碰瓷"中国"一带一路"倡议的方式，阻碍中国与区域国家的经济合作。虽然目前看来，B3W、"全球门户"还处于规划阶段，想要落实推进还需要漫长的时间（议会审议等流程、资金落实等），但需要认识到，如果这些措施计划得到落实，对中国相关基建项目的冲击无可避免，也可能给"一带一路"倡议的整体推进带来不小的挑战。因此，从国家战略主导部门到相关企业都必须提高重视程度，从各个层级制定相应的对策，以应对潜在冲击。

第二，做好应对预案。美国可能利用"蓝点网络"和 B3W 推行所谓的"全球标准"，对中国与其他国家在"一带一路"沿线的合作项目评头论足或横加指责；甚至可能会拉帮结派，要求有关国家在经济合作中选边站队，阻碍中国与各国所开展的经济合作项目。因此，无论该计划是一个"搅局者"，还是"建设者"，中国都应该提前制定相关的应对之策。当美方发起舆论攻击时，我们的传播机构和智库应该予以充分的驳斥，用事实说话，让世界听到中国的声音，相信在事实的基础上，各国也会对"一带一路"倡议有更为正确全面的认识。

第三，提升自身实力。经过多年的实践，"一带一路"取得了诸多成就，也暴露了一些不足。我们应该充分利用共建"一带一路"十周年这个时间节点，认真总结经验教训，完善共建"一带一路"改革措施，更好地加强国际合作，切实把高质量共建"一带一路"的基本原则、理念、目标落实到位，真正实现"一带一路"高质量发展。

(二)展示"一带一路"倡议的包容性，平衡竞争与合作

第一，展现包容姿态。中国是全球多边经济合作中重要而积极的参与者和推动者，只要有利于促进全球经济社会的发展

进步，有利于营造公平开放的贸易环境，我们对不同的倡议、计划都持开放包容态度。我们欢迎美国提出区域经济合作的倡议，但前提是其不能成为遏制别国发展的工具。中国的"一带一路"倡议是开放性的，中国愿意与欧盟和美国在"一带一路"框架下开展第三方市场合作，共同探讨如何实现欧美先进技术、中国优势产能以及东道国巨大基建需求之间的有机结合，共同探寻拓宽基建资金来源的方式，实现国际大型基建项目的高质量和可持续建设。中美是亚太地区两个最大也是最重要的经济体，排他性竞争不但不符合双方利益，而且会增加区域内的不稳定因素。同样，中欧双方在发展战略方向上有着诸多共识，完全可以通过合作方式，共同促进区域乃至全球的互联互通发展。

第二，开放合作共赢。共建"一带一路"作为全球基建领域的倡议，经过十年实施，已经积累了不少经验。欧美陆续推出的计划，使得"一带一路"不再是独行者。如果能够开放合作，将有助于各方实现互利共赢发展，也能提升全球基础设施建设效率，对实现世界经济增长和可持续发展具有重要意义。[①] 美国基础设施老化，巨大的基础设施建设需求给中美合作提供了机遇。据统计，美国近四分之一的桥梁存在问题，其中10％属

① 王辉耀：《中美可合作开展"一带一路"建设 共建美好世界》，http://www.ccg.org.cn/archives/66707，访问日期：2022-06-20。

于结构缺陷，14％属于功能过时；超过一半的致命交通事故与道路设施条件差有关；客运列车的平均速度仅为欧洲的一半。美国农村和低收入社区缺乏高质量的网络基础设施，存在明显的"宽带鸿沟"。据美国土木工程师协会估算，到 2025 年，美国基础设施资金缺口将超过 2 万亿美元。因此，中美可进一步加强基础设施方面的交流对话，建立基础设施领域投资促进机制。

除了合作共建美国的基础设施，"一带一路"第三方市场合作也可以成为中国同美国、欧盟增进合作互信的抓手。在可能形成优势互补的市场，中国可以推进"一带一路"倡议与 B3W 和"全球门户"的对接，合作共建发展中国家的基础设施。在此过程中，应当实现"一带一路"的多边机制化发展，建设国际多边合作与全球治理持久稳定的国际化机制化平台。

(三)要区别对待"全球门户"和 B3W

尽管我们期待欧美基建倡议能与"一带一路"倡议充分对接，共同为世界发展做贡献，但也必须清醒地认识到，近年来美国在不断加大打压中国、围堵中国的力度，短期内令美国改变外交策略的希望并不大。相比较而言，欧盟展现出了更多与中国合作的意愿，因此在对待欧盟的"全球门户"和美国的 B3W 时，应当有所区别。

欧盟"全球门户"在基建方面与"一带一路"倡议有更多的共

同点。亚欧大陆相连，铁路、公路网的互联互通有助于欧亚经济的多元化发展。欧盟曾表示，"全球门户"投资计划并不排除已经加入"一带一路"倡议的国家，有兴趣的国家可以同时参与。2021年7月，中国外长王毅会见欧盟外交与安全政策高级代表博雷利。博雷利称，欧方提出的互联互通倡议绝不是要和"一带一路"唱对台戏，欧盟愿同中方加强协调，将欧方的互联互通倡议同"一带一路"倡议进行对接，也愿在应对气候变化方面同中方加强合作。这类表态阐明了其目标还是帮助发展中国家改善基建设施条件，为对接项目、开展合作提供更好接口。另外，无论是从资金还是从基建能力来看，"全球门户"计划通过与中国合作，其成功实施的可能性会更大。因此，加强合作符合双方共同利益，中国应积极推动"一带一路"倡议与欧盟倡议的对接。

美国的B3W有更强的针对性，在落实过程中免不了对"一带一路"倡议进行各方面的排挤甚至诋毁。尽管上文提到中国和美国可以共建"一带一路"，促进全球发展，但是国际经济学是政治经济学，能否合作与美国政府的对华政策、政治态度有直接联系。结合近年来中美两国关系降温、美国在诸多领域对中国进行打压的大背景来看，相较于"全球门户"，要与B3W进行合作共赢的难度是非常大的。因此，中国在秉持公平竞争的原则下，需要建立并扩大自身优势，以应对美方带来的冲击与挑战。

（四）政府、企业发挥各自作用

政府层面。"一带一路"建设需要政府做好顶层设计，并对相关资源进行整合，让相关政策、方针成为有条理、体制化、可参考的行动指南，避免"政出多门"。引导企业有序参与"一带一路"建设，提高环境法律意识和相关专业知识储备，以防范海外投资可能出现的各类风险。

企业层面。打铁还需自身硬，"一带一路"发展到今天，已经从"大写意"进入精谨细腻的"工笔画"时代。面对新的发展阶段，"一带一路"建设需要有更高的标准和要求，避免过去在项目过程当中出现的问题。无论是国有企业还是私企，都要做好项目规划，做足风险评估，保证项目的经济效益，避免做赔本生意。企业在高标准之下，在项目推动过程中，应与咨询机构、金融机构紧密合作，保障项目真正实现可持续发展。同时，必须合规经营，经得起多方规范更高标准的检查和监督，避免违反当地法律法规而造成损失。

（五）加快建设"一带一路"基建品牌和标准

现代社会，品牌对一个企业的生存至关重要，标准更是对整个行业的发展设定了行为规范，谁能够设立一个领域的标准，建立一个龙头品牌，谁就拥有发展的优先权、话语权。"一带一路"基础设施作为一项中国提出的公共产品，也需要建立自己的品牌，构建全球认可的基建标准认证体系，使得后来的全球性基建项目能够以"一带一路"基建标准为建设规范。

我们可以看到，美国的"蓝点网络"计划先于其全球基建倡议 B3W 提出，反映出美国对于制定标准的重视。其实在各个领域，美国都擅长通过制定标准获得话语权。其所谓的"印太地区"是全球最具经济活力的区域，包含诸多新兴市场国家，基础设施投资需求巨大。在新版"印太战略"之下，美国联合其盟友，将会大力推广"蓝点网络"计划，为其进一步推动 B3W 打好基础。这可以视为对"一带一路"倡议最明显的冲击，中国需要有充足的准备和应对策略。"一带一路"倡议实施以来，"一带一路"基建已经在全球基建领域树立了坚实的品牌形象，接下来的重点便是在此基础上建立并推广"一带一路"基建认证标准，以推动"一带一路"高质量发展。

图书在版编目(CIP)数据

"一带一路"基础设施建设/陈志华,胡必亮著. —北京:北京师范大学出版社,2023.2
(高质量共建"一带一路"丛书)
ISBN 978-7-303-28349-1

Ⅰ.①一… Ⅱ.①陈… ②胡… Ⅲ.①"一带一路"-基础设施建设-研究 Ⅳ.①F299.24

中国版本图书馆 CIP 数据核字(2022)第 213572 号

营 销 中 心 电 话 010-58805385
北 京 师 范 大 学 出 版 社
主题出版与重大项目策划部　http://xueda.bnup.com

YIDAIYILU JICHU SHESHI JIANSHE
出版发行:北京师范大学出版社　www.bnup.com
　　　　北京市西城区新街口外大街 12-3 号
　　　　邮政编码:100088
印　　刷:北京盛通印刷股份有限公司
经　　销:全国新华书店
开　　本:710mm× 1000mm　1/16
印　　张:10.75
字　　数:120 千字
版　　次:2023 年 2 月第 1 版
印　　次:2023 年 2 月第 1 次印刷
定　　价:72.00 元

策划编辑:祁传华　　　　责任编辑:钱君陶
美术编辑:王齐云　　　　装帧设计:王齐云
责任校对:陈 民　　　　责任印制:赵 龙